AF315237

LES
PETITS MYSTÈRES
DE
L'ÉCOLE LYRIQUE

AVEC LES PORTRAITS

DE Mlles EUGÉNIE COLOMBAT, MARIE GARNIER, VANDA ET ZULMA

TROISIÈME ÉDITION

PARIS

A. SAUSSET, LIBRAIRE (Sr de MASGANA) | BUREAU de la CHRONIQUE LITTÉRAIRE
12, galeries de l'Odéon, 12 | 35, rue d'Amsterdam, 35

ET CHEZ TOUS LES LIBRAIRES

1862

PARIS. — IMP. SIMON RAÇON ET COMP , RUE D ERFURTH, 1.

MARIE GARNIER

LES
PETITS MYSTÈRES
DE
L'ÉCOLE LYRIQUE

TROISIÈME ÉDITION

COUP D'ŒIL RÉTROSPECTIF — RICOURT ET SES ÉLÈVES
LES MONTEURS DE PARTIES — A TRAVERS LES REPRÉSENTATIONS

LES FEMMES DE L'ÉCOLE LYRIQUE

LÉA SILLY — EUGÉNIE ET ANDRÉE DOLCY — JULIETTE BEAU
VANDA ET ZULMA
MARIE GARNIER — DIANE VALLATTE — LÉONIE LEBLANC
PAULINE DANGEVILLE — ERNESTINE DUMERCY
L'ÉCUYÈRE AMÉLIA — ZÉLIA DUCELLIER
ARMANDINE — EMMA DEROSNAY — BLANCHE OLGA — FLORE
GEORGETTE OLIVIER — MARIA LA POL'EUSE
EUGÉNIE COLOMBAT — MARGUERITE DELAUNAY — ÉLODIE GIRARD
EUGÉNIE DESFOREST — ÉMILIE MARQUET
MARIA CRÉTIN — ADÈLE RIVIÈRE — LOUISE FERRARIS
LUCIE FAYE — ALIDA, ETC.

PARIS

É. SAUSSET, LIBRAIRE (Sʳ de MASGANA) | BUREAU de la CHRONIQUE LITTÉRAIRE
12, galeries de l'Odéon, 12 | 55, rue d'Amsterdam

ET CHEZ TOUS LES LIBRAIRES

1862

vous ont conduits au bal : *Ces petites dames* vous ont promenés dans les coulisses, *les Mystères de l'École lyrique* vous conduiront dans l'antichambre des théâtres.

On vous a montré la *Biche-Danseuse;* vous allez voir la *Biche-Actrice,* celle qui le soir joue pour tout de bon la comédie que ses yeux jouent dans le jour, que son amour joue la nuit.

Ces *Mystères* n'ont rien de terrible, par exemple; nous ne fouillerons pas dans les secrets de l'alcôve. Rassurez-vous donc! Notre travail n'a rien de nocturne et nous n'aurons pas besoin de crochet.

Seulement... nous mettrons des gants..

I

COUP D'ŒIL RÉTROSPECTIF

Les théâtres-écoles. — D'où viennent les grands artistes. — Fondation de l'École lyrique. — Son inauguration. — Ses directeurs. — Le beau-père de Victorien Sardou. — Les débutants d'autrefois. — Au feu! — Imprimeurs et agents de change. — La Théâtromanie. — « *Faites des chapeaux!* » — Une cuisinière chez Legouvé. — Réparations. — Le machiniste Banquer. — Répartition des places. — Le foyer du public. — Le musée Ricourt. — Agencement de la scène. — Détails intérieurs. — Administration. — Contrôleurs et ouvreuses. — *Boule-d'amour*. — Le service de santé. — Les loges des artistes. — Attention!

I

COUP D'ŒIL RÉTROSPECTIF

C'est aux théâtres-écoles que nous devons la plupart de nos grands artistes. La salle de Doyen, rue Transnonain, a été une véritable pépinière d'illustrations dramatiques, et madame Arnould-Plessy a commencé à la salle Génard, rue de Lancry. Le théâtre Comte aussi a porté ses fruits ; ne faut-il pas être apprenti avant que de devenir maître ?...

La fondation de l'École lyrique se perd dans

la nuit des temps; elle date de 1843 ou de 1844;
on nous assure même qu'elle fut inaugurée,
le premier jeudi de novembre 1845, par une
représentation au bénéfice de Hohbach (Charles-
Frédéric), qui a joué avec succès, au Havre, sous
le nom de Frédéric Manstein.

La salle fut construite, rue de la Tour-
d'Auvergne, n° 16, par M. Delétang, qui tout
récemment en était encore le propriétaire, sur
les plans livrés par MM. Moreau-Sainti, Henri
Potier et Daudé ; les trois directeurs ouvrirent
d'abord un cours de chant : madame Ugalde, —
alors mademoiselle Gabrielle-Delphine Beaucé,
— et sa sœur, qui vient de mourir, le suivirent
pendant quelque temps : Elias Nathan, mademoiselle Poinsot et les demoiselles Durand y
furent aussi remarqués.

Le trio administratif, un beau jour, quitta la
place : Moreau-Sainti aujourd'hui est mort, et
M. Daudé occupe les fonctions de régisseur
général au Casino Cadet.

Il nous serait difficile, même impossible, de
citer par ordre chronologique les différents directeurs qui ont succédé à ce triumvirat. La
salle, en effet, fut souvent sous-louée, puis re-

prise par le précédent directeur, puis enfin encore sous-louée à un autre.

Un des principaux, ce fut M. Dupommereuil, bien connu dans la gent cabotine. Les autres furent MM. Horn, Sasportas, Ludovic Fleury et Darnaud. M. Moisson de Brécourt, longtemps second régisseur aux Folies sous le nom de Léon, et dont la fille Laurentine a épousé Victorien Sardou, se mit en tête d'y professer la déclamation ; la gérance en revint à madame Mutelse, mère de l'auteur de l'amusante pochade intitulée : *Guyon chez Villard*. Dupommereuil ensuite reprit la salle ; Fanot et madame Salon encore s'y succédèrent, et enfin Ricourt, qui y donnait de temps à autre des représentations où il faisait jouer ses élèves, en prit la direction en 1857.

Depuis sa fondation, l'École lyrique a vu passer bien des artistes qui ont aujourd'hui atteint un but honorable. Voici les noms de quelques-uns :

Dieudonné (Alphonse-Émile), — Saint-Germain (Victor-Arthur-Gilles de), — Émile Thierry, — Deltombe (Auguste-Philippe), — Tourtois (Jules-Jacques), — Deshayes (Paul-Léon), — mademoi-

selle Camille Lemerle, vers 1848, — le fils Gothi
(François - Lucien), — mademoiselle Desclées
(Aimée-Olympe), vers 1859, — Gibeau (Louis-
Charles), — Gabriel Guichard, — madame Fleury
(Marguerite-Emma), aujourd'hui madame Fran-
ceschi, — Grenier (Pierre-Eugène), — made-
moiselle Periga (Louise-Augustine), — made-
moiselle Jouassain (Julie-Clémentine-Catherine),
— Élisabeth de Géraudon, — Marie Delaporte,
— Galabert, qui depuis s'est cru ténor, — Omer
(Pierre-Théophile Penot, dit), — Armandine Sa-
vary, — mademoiselle Bilhaut, — mademoiselle
Valérie (Wilhelmine-Joséphine Simonin, dite),
— Julian (Joseph Pougnet, dit), — Mathilde de
Rubenstein, — Valaire (Jacques-Louis Pourtalet,
dit), — Saverny, — mademoiselle Antonine, etc.

Charles Lemaître, le 6 août 1849, y joua le
Gamin de Paris : la même année, Maurice
Coste y interpréta quelques rôles.

Émile Abraham, à présent un spirituel vau-
devilliste, s'y exerça, vers 1852, comme acteur, préludant ainsi par la pratique à la théorie,
qu'il lui fallut connaître pour ses comptes
rendus de l'*Entr'acte*.

Des jeunes gens de bonne famille louaient

quelquefois la salle pour des représentations diurnes : un dimanche, une draperie s'enflamma; on craignit un incendie; une panique terrible s'empara de tous les esprits. Les actrices pleuraient et même se repentaient tout haut; mais tout cela s'en alla... en fumée...

La salle Chantereine eut à souffrir de la concurrence : les *monteurs de parties* préféraient, pour la plupart, la nouvelle École lyrique, qui, d'abord consacrée presque exclusivement à l'enseignement du chant, ainsi que l'indiquait son titre, n'avait pas tardé à changer de destination. Des imprimeurs déjà, un nommé Tissot surtout, des agents de change réunis en société dramatique, des amateurs de toutes classes enfin y organisèrent tour à tour des soirées.

Le goût du théâtre s'acheminait rapidement vers le point où il en est aujourd'hui, c'est-à-dire presque à la passion. Qui pourra détourner les jeunes filles surtout de cette voie funeste? Un jour une petite modiste alla prier un honnête journaliste de venir la voir débuter à l'École lyrique, lui demandant de lui dire son avis franchement, afin qu'elle sût si elle devait ou non continuer son état. Le critique influent

se rendit à l'invitation ; les débuts furent ora-
geux, et, le lendemain, la modiste recevait de
l'Aristarque une lettre laconique ainsi conçue .

« Faites des chapeaux ! »

Voici un autre exemple des ravages que peut
causer l'amour... des planches : les représentations de *Médée* avec mademoiselle Agar tour-
nèrent tellement la tête à une cuisinière du
quartier, qu'elle alla, une ou deux fois, son
panier au bras, trouver M. Ernest Legouvé, le
suppliant de lui faire étudier la tragédie.

Horrible, en vérité !

Voilà trois ans seulement, l'École lyrique
était loin d'être disposée comme elle l'est à
présent : les couloirs brillaient par leur absence
et il n'y avait de loges ni à la galerie ni au
pourtour, si bien que pour gagner certaines
places il fallait se résigner à avoir les jambes
broyées au milieu d'une forêt de genoux.

Vers le mois d'avril 1859, un homme vint,
qui changea tout cela : c'était un simple machiniste pourtant. La première lettre de son
nom, c'est Bauquer.

Bauquer a de l'acquit : il a travaillé aux Variétés, a été l'un des organisateurs de la scène

des Bouffes-Parisiens, aux Champs-Élysées, puis est allé établir un théâtre à Buenos-Ayres.

Dès son arrivée à l'École lyrique, frappé du mauvais état des choses, il se mit à l'œuvre, aidé puissamment dans sa tâche par l'appui et l'initiative de Ricourt. Sans le secours d'aucun architecte, il fit exécuter tous les travaux nécessaires : des couloirs furent construits en haut et en bas : de gentilles petites loges remplacèrent les stalles de pourtour et de galerie : tout fut bouleversé, amélioré : les abords furent agrandis, ce qui n'empêche pas l'entrée de se faire le plus lentement du monde. Du papier fut collé, les murs furent badigeonnés, des tentures en velours rouge embellirent les avant-scène et une nouvelle toile remplaça l'ancienne.

Bauquer modifia aussi avec beaucoup de goût l'agencement de la scène : les décors, qu'on lui doit et qui sont remisés sous un hangar construit dans le jardin, font bien à l'œil. Il ne recule devant aucun obstacle et sait toujours parer aux événements.

La salle contient plus de cinq cents places, réparties à peu près ainsi qu'il suit :

Loges d'avant-scène. . . .	52 places.
Orchestre.	115
Orchestre des musiciens. .	16
Balcon.	62
Loges de pourtour. . . .	42
— de galerie.	52
— de face.	54
— de rez-de-chaussée.	20
Pourtour.	40
Amphithéâtre (2ᵉ galerie).	80
	493 places.
Loge du propriétaire. . .	6
— de M. Ricourt, commu-	
niquant avec son	
bureau.	4
— du commissaire. . .	4
En tout. . .	557 places.

Ricourt a un bail : son loyer par conséquent
n'a pas été augmenté et est assez minime ; le
prix de location de la salle, qui se trouve louée
presque tous les jours, surtout l'hiver, est de
cent quatre-vingts francs : on a la jouissance du
foyer du public, qui est très-beau pour un si

petit théâtre : c'est un véritable musée; Ricourt l'a orné de tableaux précieux parmi lesquels on remarque un *Saint-Sébastien* de Ribeira, un Drouais (rare), un Vien, un portrait de femme, par Mignard; les portraits de Servandoni et de madame Vigée-Lebrun; une marine de Joseph Vernet, et enfin le portrait de la fameuse Dugazon, par madame Vigée-Lebrun.

La scène est bien machinée. Elle a 8^m.50 de profondeur sur 10 mètres de largeur, 2^m.50 de dessous et 8 mètres de hauteur. Le cadre d'avant-scène a 6 mètres de large.

Nous n'indiquerons pas le prix des places, et pour cause : il varie à toutes les représentations; les entrées gratuites sont nombreuses : on s'entasse dans les escaliers, et l'on s'amuse tout de même.

Ricourt laisse les soins de l'administration à madame Brame, qui s'en acquitte avec beaucoup de tact et de dignité : madame Brame est une femme active à qui rien n'échappe et qui sait se faire respecter de tous; son abord est froid, elle cause peu; mais elle tient parfaitement sa place.

Un contrôleur et un sous-contrôleur président à l'entrée; souvent même madame Brame ne dédaigne pas d'apporter dans ces détails *l'œil du maître*.

Quatre ou cinq ouvreuses font le service de la salle : un brave homme a pour mission d'ouvrir la porte du couloir conduisant sur scène aux porteurs de cartes spécialement affectées à cet usage et qu'on obtient très-difficilement...

Citons encore *Boule-d'Amour*, un aide-ouvreuse, qui depuis bien des années vient là tous les soirs uniquement pour son plaisir. C'est un critique sévère : il parle avec délices du temps passé et a en profonde horreur les cabotins du présent. C'est un philosophe; chapeau bas, messieurs!...

Ce qui manque, c'est un régisseur, qui surveille l'organisation des représentations et la mise en scène.

Il n'y a pas non plus de médecin : un officier de santé, à cheveux blancs, M. Steinvaldt, qui vient flâner là tous les soirs, se rend utile au besoin : il donne même des représentations à son bénéfice.

Les loges où s'habillent les acteurs sont situées au-dessus de la scène : celles des femmes sont placées aux deux extrémités du foyer des artistes, où, à la rigueur elles s'habillent et même se déshabillent.

Nous sommes entrés à peu près dans tous es détails concernant la salle, n'est-ce pas?... Eh bien, ceci posé, maintenant commençons!

II

RICOURT ET SES ÉLÈVES

II

RICOURT ET SES ÉLÈVES

Achille Ricourt est né vers la fin du siècle dernier, — et à Lille, qui le croirait? dans le Nord, lui dont l'imagination parait avoir été enflammée par les chauds rayons d'un soleil méridional.

Ricourt est un type éminemment artistique : il porte haut la tête ; son regard lance des éclairs et, quand il parle, la promptitude de sa pensée, qui va précédant sans cesse ses paroles, lui interdit toute conversation bien suivie. Ne serait-ce pas un peu la faute de son prénom? Son influence se fait sentir : ne se souvient-on pas du « *bouillant* » Achille?

Le Patrocle du nôtre, c'est Jules Janin.

Tous les arts lui sont familiers, et cependant il ne s'est adonné à aucun exclusivement : s'il eût voulu en prendre la peine, c'eût été ou un grand acteur, ou un grand peintre, ou un grand poëte. Il a préféré se mêler de tout et ne rien être.

Il a étudié la peinture chez Pierre Guérin; il avait là pour condisciples Géricault, Ary Scheffer et Eugène Delacroix.

En 1831, il fonda l'*Artiste*, aujourd'hui encore prospère : c'était bien là le titre que devait donner à son journal cet homme tout d'élite dont les conseils sont estimés au plus haut point.

C'est à lui que Ponsard doit sa réputation : grâce à ses efforts, à son légitime entêtement, *Lucrèce* fut représentée à l'Odéon : « Si on ne la joue pas, cette tragédie, disait-il souvent, j'irai la déclamer partout, dans tous les carrefours! Moi seul, et c'est assez! »

Ce qu'il veut, il le veut bien : il a toutes les énergies, tous les élans, toutes les inspirations.

Un jour, dans un café, — c'était vers 1832 — il remarqua une petite chanteuse connue sous le nom d'Élisa : son regard le frappa, il vit briller dans ses yeux le feu tragique : le lendemain, il lui apportait un petit recueil des œuvres de Corneille, qui lui avait coûté, ma foi ! — il le dit lui-même, — un petit écu.

L'enfant dévora le livre ; elle vit, elle sut, elle crut... Plus tard, ce fut Rachel !...

A Pierre Dupont aussi il vint en aide : le chantre populaire fut encouragé par lui. L'a-t-il oublié ?...

Depuis une vingtaine d'années déjà, Ricourt se livre à l'enseignement dramatique. Parmi ses élèves, nous remarquons mademoiselle Stella Collas, mademoiselle Méa (Marie-Amélie Cochois, dite), et, tout récemment, mademoiselle Agar, dont nous parlerons tout à l'heure.

A propos de son cours, Charles Monselet a écrit, en 1859, dans la *Gazette de Paris*, un article aussi verveux que spirituel ; nous allons en citer deux fragments.

Voici d'abord le portrait de Ricourt :

« Regardez-le : il passe secouant un ample
« paletot sur ses reins ; sa taille est haute, son
« œil, fier ; son geste est celui du commande-
« ment, — je dirai même plus, — du despo-
« tisme. Une immovible cravate de mousseline
« blanche ceint un cou gonflé de veines tragi-
« ques. Tout en lui est fébrile ; sa volonté a
« peine à retenir son bras sans cesse tendu
« pour invoquer les dieux ; sa jambe frémit, ses
« cheveux ont peur de son crâne ; il ne parle
« pas, il tonne ; il pose les deux mains sur ses
« interlocuteurs comme sur une proie ; il les
« pétrit, il les tapote, il leur fait la grimace, il
« éclate sur eux comme la foudre, puis il les
« quitte soudain. Où va-t-il ? il l'ignore... »

Voulez-vous, à présent, savoir comment se
fait le cours ? Écoutons encore l'auteur dameret
de *Monsieur de Cupidon*; nous sommes au
foyer :

RICOURT.

Dépêchons-nous ; Ponsard m'attend pour déjeuner.... Creusons notre Molière !.... Molière !
(*Il se découvre*). Voyons... la scène des marquis du *Misanthrope*. Toi, viens ici ; je ne sais
ton nom..... Hein ?... Jules ? Jules ou autre-

ment, cela m'est égal. Place-toi là... là... là, on te dit ! (*Il le prend par les épaules*). Et ton ami, un peu plus en arrière. Ne bougez pas; vous n'entrez pas encore. Louisa! arrive : tu représenteras Eliante... Sommes-nous au complet, comme cela ?...Ah! il faut un Acaste... Sophie !

SOPHIE.

Monsieur Ricourt?...

RICOURT.

Viens faire Acaste, ma chatte.

SOPHIE, boudant.

Mais, monsieur Ricourt, vous me faites toujours faire Acaste; c'est un rôle d'homme.

RICOURT.

Je le sais bien, parbleu ! que c'est un rôle d'homme... et un rôle magnifique, encore!... Je l'ai vu jouer par Armand... Viens faire Acaste, cela t'apprendra à phraser... tu ne phrases pas.

LA MÈRE DE SOPHIE.

Vous ferez le rôle de l'homme, mademoiselle, puisque M. Ricourt vous le dit. Il faut de la soumission à son maître. Je sais cela, moi... Quand on a été dans le commerce, on peut aller partout la tête levée... L'habit ne fait pas

le moine... Car ce n'est pas pour me vanter,
mais je peux bien dire...

RICOURT.

Taisez-vous donc, là-bas! (*A Sophie.*) Prends
la brochure. Allons, commencez. A toi, Louisa;
c'est Eliante qui parle.

LOUISA.

Voici les deux marquis qui montent avec nous.

RICOURT.

Non!

LOUISA.

Comment! non?

RICOURT.

Non! non!... Tu dis : *Voici les deux marquis*, comme tu dirais : Voici le charbonnier.
Recommence-moi cela. La tête un peu plus
levée. Ce n'est pas aux planches que tu t'adresses,
c'est à moi. *Voici les deux marquis.* Tu te
tournes vers la porte; tu les annonces en sou-
riant : *Voici les deux marquis...* c'est-à-dire
une visite agréable, deux jeunes gens de la
cour... Appuie avec complaisance sur la qualité
de marquis... *Deux marquis...* Diable! Peste!
Oh! oh! Allons, poursuis : *Vous l'est-on venu dire?*

LOUISA.

Quoi, monsieur Ricourt?

RICOURT.

Comment! quoi?

LOUISA.

Oui, quoi? Je n'en sais rien, moi.

RICOURT.

Mais c'est la suite du rôle d'Éliante. (*Il hausse les épaules.*) Veux-tu continuer, oui ou non?

> Voici les deux marquis qui montent avec nous;
> Vous l'est-on venu dire?...

De la souplesse, ma biche .. détache bien le pronom... Vous *l'est-on venu dire?* en êtes-vous informée? le saviez-vous?... Tu es la cousine de Célimène; il s'agit d'attirer l'attention par ta grâce, ta bonne humeur. . Vous *l'est-on venu dire?...*

.... Et ainsi de suite depuis deux heures jusqu'à quatre heures.

La méthode de Ricourt est là tout entière; il procède par l'analyse, décomposant chaque

phrase et faisant de tous les mots sortir un sens complet.

Il faut une certaine intelligence pour comprendre ses leçons ; il ne *serine* pas ses élèves, il les raisonne : aussi y en a-t-il beaucoup qui, faute de bons sens, exagèrent les principes qu'il leur a inculqués, en détachant trop nettement l'*e* muet et en coupant les mots syllabe par syllabe.

Ricourt a les vaudevilles en horreur : un couplet le fait sauver. La tragédie est pour lui un culte ; c'est à la tragédie qu'il voue tous les débutants, quelles que soient les aptitudes qui les portent vers le genre comique : ce n'est pas un mal, du reste, quand on commence, que de s'inspirer des grands maîtres : on apprend, du moins, à dire, à comprendre, à sentir.

Ce sont les lundis, mercredis et vendredis qu'ont lieu les cours publics, ceux à dix francs par mois. Le vendredi, Ricourt récite des vers, et cela de la plus belle, de la plus vigoureuse façon. Des amis, — tous gens connus ! — sont conviés ce jour-là à venir l'entendre ; après, on va déjeuner.

Alexandre Dumas, lors de son dernier séjour

à Paris, est venu de temps en temps au cours pour y juger des progrès de son petit compagnon de voyage, M. Émile ou Mlle Émilie, comme vous voudrez, à moins que vous ne préfériez que nous l'appelions, comme les chroniqueurs, l'*amiral Emilio*. Dumas paraissait fort s'amuser là : il lisait aux élèves des scènes de *Roméo et Juliette*, un drame en vers qu'il termine en ce moment, et le soir, le mardi, il allait quelquefois voir jouer le susdit marin, dans le *Gamin de Paris* et faire retentir des éclats de son esprit le foyer des artistes.

Ce foyer a vu déjà plus d'une illustration. Alexandre Boucher, soi-disant l'auteur véritable de la *Marseillaise*, en tout cas l'*Alexandre du violon*, mort depuis peu dans un âge très-avancé, est venu quelquefois y apporter une amabilité toute de bon goût. L'entrée des coulisses n'est accessible qu'à quelques privilégés : la petite presse y pénètre à peine, et Félix Savard, le critique brun, — nous allions dire *blond !* — du *Messager des Théâtres*, ne vient lui-même que rarement y promener sa gravité, ses grandes jambes et sa démarche compassée : il prend tout cela au sérieux, lui :

mais ne le raillons pas, c'est un *bon jeune homme*... Il a encore ses illusions, et, pour nous servir d'une expression empruntée au monde des théâtres, *il croit que c'est arrivé!!!*

Le cours s'est fait pendant un temps sur la scène; à présent, c'est au foyer du public qu'il a lieu : tous les âges à peu près y sont représentés : les femmes y dominent en nombre.

Les leçons particulières se donnent chez Ricourt lui-même.

Son élève favorite, c'est mademoiselle Emma Brame, dite Delille, applaudie il y a quelques années à l'Odéon : mademoiselle Delille supplée quelquefois son professeur dans ses fonctions, et nous vous répondons qu'elle s'en acquitte bien. C'est une actrice consommée qui joue tous les rôles, depuis celui de madame Pernelle jusqu'à celui d'Iphigénie, avec un égal talent. Ne l'avons-nous pas même vue un jour, sous le frac de M. Chavigny, débitant avec l'aisance du plus élégant cavalier les finesses d'Alfred de Musset! Son frère Hector Delille, effacé aux Français, mais mis plus en relief cet hiver à l'Odéon, est aussi un des élèves de Ricourt.

C'est le mardi qu'ont lieu les représentations quasi-officielles où sont exhibés les apprentis tragédiens. Ces tentatives ne sont pas dépourvues d'intérêt; à la longue pourtant elles deviennent monotones à voir : des femmes souvent y remplissent des rôles d'hommes, principalement quand il s'agit des confidents de tragédie ou des marquis du *Misanthrope*. Le contraire, heureusement, n'a pas lieu, comme cela se pratiquait au cours du bon Saint-Aulaire.

Des billets sont, pour ces jours-là, exactement envoyés à quelques journaux qui annoncent, en récompense, la composition du spectacle; cet échange de procédés entretient l'amitié.

Quelques journalistes errent dans la salle, toujours pleine du reste, à l'affût d'une débutante qui demande à être encouragée... et à s'abonner.

Le public est paisible d'ordinaire : il s'amuse décemment. Pour la plupart du temps, il se compose, le mardi, de voisins qui profitent des billets à 50 centimes, distribués à profusion dans le quartier, pour se familiariser avec Molière ou Racine. L'indulgence est dans tous les cœurs, le sourire sur tous les visages; il y a même quelques braves gens qui *gobent* le spectacle.

Quand il doit y avoir un début important, Ricourt fait venir Jules Janin; d'autres sont invités souvent aussi : à peu près tout ce qu'il y a de notabilités artistiques ou littéraires dans Paris a passé par là !

Ricourt va de l'un à l'autre, recueillant les avis, les commentant, discutant, rugissant : il sort du foyer, dont il fait les honneurs à ses amis; le voilà sur la scène : il n'est nulle part, il est partout.

La diction est, selon lui, la qualité essentielle pour un acteur, et cela exclusivement : la beauté, le geste, le costume, tout cela est à ses yeux sans importance aucune.

De grandes idées parfois lui viennent : « Je voudrais que Frédérick-Lemaitre me jouât le *Misanthrope* ici, disait-il un jour, il l'a répété avec Mars; il y était splendide : je le payerais bien mille francs! Ce ne serait pas trop cher pour le plaisir qu'il me ferait! »

Une seconde après, il n'y pensait plus.

Par exemple, ne lui faites pas compliment de ses élèves, après les avoir vus jouer dans un vaudeville... Non, là, franchement, vous lui feriez de la peine.

Ce qui nous étonne, c'est son indulgence à l'égard de *Télémaque* qui, malgré son titre de tragédie, n'a rien du tout de classique : c'est une pochade d'atelier quelque peu croustillante, aux idées excentriques, mais drôles, aux vers grotesques, mais bien tournés. L'auteur est M. Eugène Verconsin, qui depuis a fait ses preuves aux Folies-Dramatiques et au Gymnase, et à qui l'École lyrique doit aussi les *Rêves de Marguerite*, un gentil petit acte inédit.

Télémaque, ou l'innocence en danger sauvée par l'intrépide résolution d'un vieillard qui ne craignait pas l'eau froide, a été joué pour la première fois dans le courant de l'année 1858, c'est-à-dire peu de temps après l'avénement de Ricourt au trône directorial. Le rôle de Calypso était excessivement comique : mademoiselle Delille y était comique à l'excès. Le succès a été immense : il n'est pas encore épuisé. C'est un grand effort qu'a dû faire Ricourt, que de laisser ainsi parodier le classique dans le temple qu'il lui a consacré. Sachons-lui en gré !

Un bijou fut, exprès pour les élèves, tiré par

le maître de l'écrin d'Octave Feuillet; nous voulons parler du *Cheveu blanc*, joué ici avant de l'être au Gymnase. Legouvé eut son tour : sa *Médée* n'avait été représentée à Paris que traduite en italien pour madame Ristori; les vers du poëte furent entendus pour la première fois à l'École lyrique. A mademoiselle Agar incombait le rôle de la Magicienne, que Rachel avait dédaigné parce que peut-être elle en avait peur.

Le moment est venu de parler un peu de mademoiselle Agar, un des plus beaux fleurons, certes, de la couronne professorale de Ricourt. Mademoiselle Léonie Agar a joué un peu, vers 1858, au théâtre Beaumarchais, où le charme de sa voix et l'expression de sa physionomie ne laissèrent pas que d'attirer l'attention.

Le café-concert du *Cheval blanc*, situé aux environs du faubourg Saint-Denis, ne tarda pas à l'engager et c'est là qu'elle chantait quand, le 18 décembre 1859, elle vint à l'École lyrique remplir le rôle de la Maritana dans *Don César de Bazan*. Ricourt par hasard la vit : son masque tragique l'enthousiasma, et un peu plus de deux mois après, le 6 mars 1860, mademoiselle Agar débutait dans *Phèdre*, dans *Phèdre*, mon Dieu, oui ! elle, qui six semaines auparavant, elle le dit elle-même, ne se doutait pas qu'il existât une pièce de ce nom. Ce début fit honneur à Ricourt : son élève était belle, bien disante : les hésitations disparurent peu à peu ; *Agnès de Méranie* lui permit de déployer mieux encore toutes ses qualités, et enfin *Médée*, où elle s'était grandement inspirée d'Adélaïde Ristori, vint mettre le comble à sa réputation naissante : ces représentations eurent longtemps la vogue, elles étaient intéressantes, elles étaient utiles.

Malheureusement, les leçons se faisaient encore sentir dans la diction ; le geste manquait d'habitude ; mais mademoiselle Agar ne laissa pas à Ricourt le temps de façonner cette ébauche, de polir ces rugosités ; elle se hâta trop de débuter à l'Odéon, et, admirable dans *Phèdre*, elle dut nécessairement faiblir dans *Horace*... N'importe ! L'avenir est à elle.

Dans le courant de l'année 1860, vers la fin d'octobre, un grand honneur fut fait à la petite salle : elle fut élevée à la dignité de théâtre sous la dénomination de : THÉATRE DES JEUNES ARTISTES.

Artistes, entendez-vous?... Mais cela ne fait rien, allez, c'est et ce sera toujours l'École lyrique.

Les élèves de Ricourt sont nombreux; cependant il y en a peu, surtout du côté des femmes, qui aient eu la patience d'attendre les résultats de ses leçons : la tragédie est le chemin le plus sûr pour arriver à tous les genres, c'est vrai : elle calme les effervescences de la jeunesse, elle réprime l'impétuosité des élans, elle modère l'exubérance avec la voix de la raison, c'est encore vrai; mais elle a un défaut, et un grand, aux yeux de *ces dames*, c'est qu'elle proscrit impitoyablement la crinoline.

Mademoiselle Joséphine Nordi, depuis 1858, suit assidûment le cours : après mademoiselle Delille, c'est une de celles à qui il a le plus profité. Mademoiselle Nordi se prodigue; son talent est multiple, sa bonne volonté inépuisable, c'est surtout une excellente soubrette.

Edmond Terral faisait partie, il n'y a pas encore

très-longtemps, de la troupe ordinaire du théâtricule dont les habitués le chérissent. Terral a contre lui son organe et sa tenue; à part cela, il est drôle, dit bien et, en un mot, ne manque pas de qualités réelles. C'est à lui qu'autrefois était dévolu l'emploi des *confidents*; il le tenait avec résignation. Que le théâtre des Champs-Élysées lui soit léger!

Dancourt (Jules d'Anglars, dit) a été aussi un des bons élèves de Ricourt. Ses débuts à l'Odéon n'ont pas été heureux; il a joué un peu à la Gaîté dans les *Trente-deux duels de Jean Gigon*, et le voici maintenant directeur du théâtre d'Orléans. Son organe est vibrant, son jeu plein de chaleur, mais un peu sec.

Laurent, dit Talien, un garçon vraiment convaincu, ainsi qu'Alexis, Georges Monroy et mademoiselle Gabrielle, qui sont maintenant au théâtre des Champs-Élysées, également commencé là.

Alexandre Lemoine, qui a passé depuis avec armes et bagages au théâtre Molière, s'est fait quelquefois applaudir à l'École lyrique. Comme c'était lui qui, dans *Agnès de Méranie*, débitait les tirades du légat, il troqua son nom de Camille Faure contre celui de *Lemoine*, sous lequel on le désignait fréquemment. Il veut arriver *quand même*.

Charles Widmer, une espérance du Gymnase, s'est longtemps ici appelé *Mario*, du nom de son premier rôle dans les *Jeux de l'amour et du hasard*. C'est un amoureux vraiment jeune, mais encore un peu maniéré; il chante bien; en somme, c'est un artiste.

Une des excentricités de l'école, ce fut D'Albert-Ponsin; un type, celui-là. Ponsin a un grand nez, et il *en* parle avec acharnement. Son accoutrement est bizarre; il porte attaché à sa boutonnière une énorme canne dont ja pomme représente sa charge; un chapeau à larges bords ombrage son front. Rien n'était plus curieux que de lui entendre nasiller la tragédie. Dans les rôles comiques il est exhilarant. Il a à lui une façon de se grimer tout à fait originale; un jour n'a-t-il pas eu l'idée de se

retrousser le nez au moyen d'un fil attaché der-
rière sa tête !

Ponsin a produit de l'effet au théâtre Beaumarchais. Il a sans cesse à la bouche le nom de
Dumas : c'est le filleul de l'auteur de la *Dame
aux Camélias* : ses relations le feront arriver,
et l'on n'aura pas à s'en plaindre.

Georgette Viguier a paru sur la petite scène
au commencement de 1860 ; deux jeunes filles
encore s'y sont fait remarquer ; c'est Marie
Raynaud, hier encore actrice à Nice ; c'est
Henriette Brenet, une ingénue, que la mort a
enlevée prématurément quelques jours après
ses débuts à Beaumarchais. Pauvre Henriette !
Sa mère était toujours à ses côtés ; c'était elle
qui trimbalait presque tous les soirs au théâtre
une caisse pleine des costumes de sa fille ! Mais
chut !.... Le deuil a effacé les plaisants souvenirs.

Nous trouvons encore Marie Leroux, maintenant aux Folies sous le nom de Marie Halloy ;
et Charles Prud'hom, à peine un jeune homme,
qui joue déjà avec beaucoup d'intelligence ;
c'est le fils de l'ex-cafetier voisin. Son petit

frère et sa petite sœur remplissaient très-gen—
timent les rôles des enfants de *Médée*.

Parmi les élèves de Ricourt nommons avec
éloge MM. Richard, Castel, le chansonnettier,
Debruyère, mesdames Marsy, Eugénie Jouanno,
Suzanne Alter, France, Léontine, etc. Nous en
passons et des plus mauvais.

C'est à Ricourt qu'il appartient d'approvi-
sionner, dans l'avenir, nos théâtres de sujets
sérieux. Il est encore dans la force de l'âge ; il
peut beaucoup, il peut tout. C'est un de ces
rares hommes qui, par ces temps de *chahut-
dièze* et de jupes écourtées, ont gardé intactes
au fond de leur cœur les bonnes, les saines
traditions du passé. Courage donc de sa part !
Espérance de la nôtre !...

II

LES MONTEURS DE PARTIES

Les deux cafés. — Le monteur de parties spéculateur
— Le monteur de parties amateur. — Une soirée au
café Prud'hom. — Silhouettes à la plume. — Firmin
le tragique. — Comment s'organisent les représentations. — Distribution des rôles. — Les répétitions.
— Placement des billets. — Les costumes. — L'orchestre : Fessard, Henry Voury, Frédéric Bessières,
Vygen. — Gazouillot, ex-violon du théâtre impérial
de l'Opéra. — La représentation. — Trop de zèle! —
Le salon de Markowski. — Chez madame! — Le souffleur par amour. — Affiches et programmes. — Les
vedettes. — Spectacle gratis. — *Pas de danse!* — Les
femmes qui payent. — De la variété dans le langage.
— Du pittoresque dans le costume. — *Móssieu* le
public. — Une bonne précaution. — Recettes forcées
— En campagne!...

III

LES MONTEURS DE PARTIES

L'École lyrique est flanquée de deux cafés :
le *Café Prud'hom*[1] et le *Café Vivier ;* ce sont
d'humbles estaminets, succursales enfumées
du café Achille, où la bière coule à flots, où
règne la cigarette, où la pipe est tolérée, où

[1] Depuis quelque temps, par suite de changement de
propriétaire, c'est le café Durey ; il est convenablement
tenu et a perdu un peu ses allures excentriques ; les
consommateurs *pour de bon* y gagneront, mais aux dé-
pens de l'imprévu !

fleurissent le *rams* et le *jacquet*. C'est là qu'au milieu des chopes et des cartes s'organisent les représentations.

Parmi les monteurs de parties, les uns agissent par spéculation, les autres par plaisir ; les uns veulent gagner de l'argent, les autres ne tiennent qu'à s'amuser ; dans les deux cas l'art est également profané.

Il y a encore les artistes qui désirent se faire entendre et qui invitent à leurs soirées des directeurs... qui ne viennent pas ; leur but, à ceux-là, est un peu plus honorable ; mais, quoi qu'on en dise, la fin ne justifie pas toujours les moyens.

Les monteurs de parties spéculateurs sont généralement des ouvriers imprimeurs ou autres, qui veulent faire tourner au profit de leur bourse les qualités dramatiques dont ils s'imaginent être doués ; ils enrôlent dans leur troupe ceux de leurs camarades qui ont quelques petites économies, les font contribuer à la location de la salle, et se réservent, bien entendu, les premiers rôles ; les billets sont vendus le plus cher possible aux amis et connaissances, et la représentation a lieu, hilarante et burlesque au possible, devant un public enthousiasmé.

Les monteurs de parties amateurs sont surtout des commis de magasins, de petits employés de maisons de commerce, gens estimables en somme, qui pourraient plus mal employer les loisirs que leur laissent leurs occupations; il est vrai aussi qu'ils pourraient les employer mieux; mais, que voulez-vous, on n'est point parfait et chacun prend son plaisir où il le trouve.

> Trahit sua quemque voluptas.

Veuillez donc nous suivre maintenant dans un des deux cafés dont nous venons de parler, au café Prud'hom par exemple. Ses communications directes avec le théâtre, dont la sonnette avertit les consommateurs de la fin des entr'actes, le rendent plus fréquenté. Il y a chambrée complète; on joue, on boit, on fume; des musiciens ambulants écorchent impitoyablement les oreilles des habitués, qui saisissent avec empressement ce prétexte pour ne leur rien donner. Or, notez que si Paganini en personne sortait de son tombeau tout exprès pour venir leur jouer du violon, ils ne lui feraient pas davantage l'aumône : là où il n'y a rien, la charité perd ses droits...

Il y a là plusieurs types indescriptibles, des acteurs de province, des cabotins de Paris, qui dédaignent d'entrer voir le spectacle : le jeune et intelligent *Crampon*, ainsi surnommé parce qu'il demande à tout venant une contre-marque, attend patiemment le moment où une âme bienfaisante le fera pénétrer dans la salle : Fricotet le loustic, qui a *figuré* deux fois avec honneur, exprime le désir qui le mine de jouer enfin un rôle de son emploi. Firmin le tragique, dit le *Petit Talma* (il signe ainsi!) expose des théories dramatico-scientifiques totalement dépourvues d'intérêt. A toutes les tables, en un mot, on cause *théâtre*, et, dans un coin, le caricaturiste Victor Collodion fait la *charge* de ses voisins.

Soudain la porte, illustrée d'affiches, s'ouvre bruyamment ; c'est Taupinard, un orac'e que tourmente le dieu du drame : « Bonjour, Tau-

pinard ! — Comment ça va, Taupinard !
— Merci, pas mal, mes enfants.. Qui est-ce
qui paye une chope, ce soir? » Silence général,
que rompt enfin Crampon en demandant à
Taupinard s'il a une entrée à lui donner.

Taupinard, après avoir serré la main au
garçon de café qui le tutoie, s'approche d'un
groupe d'amis. « J'ai envie de monter quelque
chose, » leur dit-il, « probablement les *Mousquetaires*; j'avais bien pensé au *Fils de la
Nuit*, mais il faudrait peut-être couper le tableau du vaisseau, et ce serait fâcheux!...
Voulez-vous en être? » Tout le monde consent.
Fricotet, après avoir commis deux ou trois ca-
lembours pour s'attirer les sympathies, demande un rôle toujours de son emploi. Les
conditions sont réglées, les enchères commen-
cent; les grands rôles sont cotés à vingt francs,
les moyens à quinze francs, les petits de cinq à
dix francs; c'est incontestablement celui qui a
le plus d'argent qui doit jouer le mieux. Taupinard se réserve le rôle de Mordaunt, il vou-
drait apprendre à Chilly comment il doit être
tenu; un apprenti cordonnier, qui pose pour
l'élégance, remplira celui du roi Charles;

quant à Fricolet, il est heureux, il jouera Grimaud : ne lui dites pas surtout que c'est un personnage muet !

Chacun a fait son choix, tout est convenu, on donnera à une ancienne actrice de province cinq francs de cachet pour jouer un peu convenablement le rôle d'Henriette d'Angleterre, et, malgré la longueur du spectacle, on le commencera par la *Corde sensible*, une ficelle qui est usée, une pièce dont le public est rebattu, mais qu'il faut absolument donner parce que Taupinard connait deux femmes qui, pour la jouer (?), lui *feront des frais*[1]. Une affiche enfin est apposée dans le café pour annoncer l'heure et le lieu des répétitions; et c'est ainsi que les grands événements se préparent.

Les répétitions se font dans divers endroits; les unes dans un gymnase, les autres chez des marchands de vin, les autres encore dans une maison abandonnée de la rue Bellefond. On se garde bien d'être exact au rendez-vous; dès que deux ou trois personnes sont

---

[1] Les cabotins de l'École lyrique appellent *faire des frais* s'engager à placer un certain nombre de billets.

arrivées, quoique Fricotet dise qu'étant à Paris, on ne peut pas répéter à *Troyes*, on commence, mais quelquefois par la fin ; en effet, il faut se dépêcher, la salle est louée à l'heure.

Taupinard est furieux de ce que les rôles ne soient pas encore sus : hélas ! Ils ne le seront jamais. Le drame est modifié pour les besoins de la mise en scène : le dénouement est supprimé, il fait longueur ; personne ne s'entend et néanmoins tout le monde est enchanté !

Le grand jour — non, le grand soir, — approche ; plusieurs rôles ont été rendus ; il a fallu les remplacer ; tout marche tant bien que mal, plutôt mal que bien. Le calligraphe de la troupe a fait, pour la circonstance, une affiche bigarrée, pleine de promesses : *pour cette fois seulement, les* MOUSQUETAIRES... La salle de l'École lyrique est retenue, on a donné des arrhes à madame Brame. On arrête un souffleur, qui se fait payer cinq francs, c'est le taux, à moins qu'un ami dévoué ne se charge gratuitement de cette rude besogne. Les programmes sont commandés : une des deux femmes qui doivent jouer la *Corde sensible* a donné dix francs pour que son nom y soit en vedette :

les avant-scène sont partagées entre elles deux;
elles ont pris chacune pour une soixantaine de
francs de places.

Des billets à 50 centimes sont d'avance tous
les soirs distribués au théâtre.

C'est le père Villot qui fournira les costumes;
ils sont tout neufs, l'affiche le dit du reste : les
maisons Moreau et Hennier ici ne sont pas très
en vogue, on n'y va plus que rarement. Mais il
faut un orchestre : c'est Fessard qui le con-
duira, qui recrutera les musiciens. Vous ne
connaissez pas Fessard? C'est malheureux ; sa
femme veille au vestiaire sur le sort des cannes
et des parapluies ; lui, il joue du violon, il compose même. La *Corde sensible* sera accompagnée
par un pianiste seulement, par Henry Voury ou
par Vygen. On réserve Bessières pour les opé-
ras-comiques : c'est un musicien intelligent et
un bon professeur. On se garderait bien seulement de choisir M. Gazouillot ; le pauvre homme
joue faux tout comme dans les grands théâtres ;
après tout, on doit l'excuser, il a fait partie de
l'orchestre de l'académie impériale de musique,
et il a grand soin de faire mentionner cette
circonstance sur les programmes par ceux qui

veulent bien l'honorer de leur confiance; mais ce qu'il ne dit pas et ce que nous vous disons, nous, c'est que sa présence pendant deux ou trois soirs à l'Opéra n'a été due qu'à une erreur de nom et que son homonyme est bientôt venu reprendre cette place qu'il ne s'étonnait pas du tout d'occuper.

Revenons à la représentation de mons Taupinard. C'est pour ce soir : le gaz n'est allumé et l'on n'ouvre que lorsque la salle est payée. Taupinard a préposé au contrôle un de ses amis, un homme fidèle. Le spectacle était annoncé pour six heures et demie ; il en est huit et le rideau ne se lève pas ; le public s'impatiente, mais il n'y a pas de temps perdu, on n'a pas besoin de se presser, on ne jouera pas la *Corde sensible* ; les deux femmes viennent de faire dire qu'elles ne pourront pas venir : l'une va dîner en ville, l'autre est au désespoir, son petit serin est mort !!!... Au reste, elles gardent tout de même les loges qu'elles ont prises. Taupinard est enchanté, il est débarrassé des femmes et il a leur argent ; c'est double bénéfice, et le public n'y perd pas non plus.

A la fin, on commence ; nos artistes de con-

trebande se pavanent sous leurs riches habits et
disent à peu près tout ce qui leur passe par la
tête, quand il y passe quelque chose, toutefois;
les figurants, dans leur ardeur à défoncer une
porte, renversent le décor. Taupinard fait merveille des jambes et des bras, et la toile baisse
sur le dernier tableau à une heure moins un
quart. La recette s'est élevée à vingt francs;
c'est juste de quoi payer l'amende qu'exige,
après minuit, l'administration pour la double
paye du pompier et des sergents de ville.

Les associés de Taupinard sont ravis; ils s'en
sont donné pour leur argent; pendant un mois
à présent, ils vont, quand ils se rencontreront,
se saluer du nom de leurs rôles : «Bonjour,
Aramis!» par ci, «au revoir, Mylord!» par là,
si bien que beaucoup d'entre eux ne sont connus que sous ces diverses dénominations, et que
parmi eux on trouverait facilement tel garçon
qui ne sait vraiment pas comment se nomme,
même de son prénom, Athos, son ami *intime*.

Nous parlions tout à l'heure des répétitions;
nous avons omis de citer celles qui ont eu lieu
plusieurs fois dans le salon mauresque de Markowski, que l'*illoustre* danseur avait mis à la

disposition d'une de ses élèves favorites : on y jouait du piano et la *Friska* n'en était pas exclue ; quelques gandins d'une moralité reconnue y avaient leurs entrées et le madère dorait les verres.

Les répétitions dans les gymnases, soit rue de Buffault, soit rue Rochechouart, ont leur bon côté ; en même temps que l'esprit on y exerce le corps ; l'amoureux, à califourchon sur le portique, peint sa flamme à la jeune première qui fait du trapèze.

Lorsqu'il n'y a que peu de personnages dans la pièce, il n'est pas rare qu'on aille la répéter chez la femme qui y remplit le principal rôle : on tâche d'être convenable et, si l'on est sage, Madame offre des cigares que lui a laissés son *monsieur*. Il arrive quelquefois aussi que le monsieur... en question vient assister à la séance, surtout s'il est jaloux comme celui qui, chaque fois que sa maîtresse jouait, voulait toujours souffler pour la surveiller de plus près, de peur sans doute qu'on ne la lui soufflât. Le duc de *** même se faisait un devoir d'accompagner une jeune fille [1], qu'il protégeait, partout où

[1] Cette jeune fille répondait au nom de Diane.

elle allait répéter; il lisait son journal pour passer le temps. Voyez un peu où entraîne l'amour de l'art !

Les affiches coloriées du café et les programmes ont toutes les séductions; le nom d'un grand artiste, qui doit prêter son concours à la soirée, y rayonne souvent; inutile de dire que l'artiste tant attendu ne vient jamais; c'est déjà beaucoup qu'il ait promis de venir, et la recette s'en ressent.

Un programme une fois annonçait une représentation donnée au bénéfice des chrétiens de Syrie. Qui aurait pu se refuser à contribuer à cette œuvre charitable?...

Un jour, il y a eu spectacle gratis; cela vous étonne, n'est-ce pas? Mais l'entrée n'était gratruite que pour les dames accompagnées d'un cavalier. Oh! la puissance de l'homme!

Les affiches pèchent souvent par l'orthographe, ce qui n'ôte rien à leurs attraits; il y a l'affiche emblématique comme celle de *Dalila*, où était dessinée une paire de ciseaux, l'af-

fiche-rébus et l'affiche accommodante, comme
celle au bas de laquelle on lisait PAS DE DANSE.
Vous comprenez le *truc?* Les ballets vous plaisent, il y aura des *Pas de danse*; ils vous en-
nuient, il n'y aura *pas de danse...*

> Je suis oiseau, voyez mes ailes,
> Je suis souris! Vive les rats!

En vérité, c'est très-ingénieux!

Ces sortes de représentations sont souvent
sérieuses; cependant la plupart ont leur côté
comique; cela vient du manque de répétitions,
de la légèreté avec laquelle on se lance dans ces
entreprises et du mauvais vouloir des femmes
qui, parce qu'elles payent, se croient tout
permis.

Une femme qui *fait beaucoup de frais* [1], voilà
le rêve des monteurs de partie; une fois qu'on
en a découvert une, on la cache, on l'acca-
pare; on tâche que son adresse ne soit pas
connue des camarades; et, s'ils tiennent absolument à la connaitre, cette bienheureuse

---

[1] La blonde sultane Zulma, par exemple.

adresse, eh bien, on la leur vend. Cela s'est vu,
cela s'est fait.

Mademoiselle **X...** est laide, elle joue mal,
elle n'a pas de grâce; qu'importe, elle paye,
c'est à qui lui offrira les meilleurs rôles.

« Une femme est un champ qui rapporte... »

Comment voulez-vous, après cela, qu'il n'y ait
pas toujours quelque chose qui cloche dans
ces soirées ! Nous ne parlons pas des coups de
pied que notre pauvre langue française y reçoit
à chaque instant; nous n'avons pas oublié un
certain « Tous, excepté-z-un ! » avec lequel le
Collodion surnommé a égayé *César Borgia.*
Et puis, tous les amateurs ne sont pas des
Montaubry; ils chantent faux plus souvent qu'à
leur tour, et tous ne font pas, ainsi que cela
est déjà arrivé, chanter leurs couplets par le
souffleur; les rôles sont sus rarement; on a
vu des acteurs qui, faute de s'entendre, quit-
taient subitement la scène au milieu d'une
pièce.

Les *lapsus linguæ* sont à la mode; cette
phrase a été dite dans nous ne savons plus

quel vaudeville. « *Le perroquet est malade, le chien est envolé!* » L'effet produit par cette bizarre inversion a été des plus grands.

Les costumes ou la façon dont ils sont portés prêtent souvent aussi à rire. Un jour, dans une tragédie, un garde parut sur la scène, coiffé d'un casque grec, vêtu d'une tunique romaine, et les jambes enfourchées dans un classique pantalon noir.

Le public se compose principalement d'habitants du quartier; ils sont accoutumés à ces errements et savent bien qu'il est très-rare que le spectacle se compose des pièces indiquées sur le programme; il y a même des gens à qui plaisent ces petites surprises; c'est pour eux de l'imprévu. Un soir que la fantaisie avait encore plus que d'habitude présidé à la représentation, Ricourt, craignant qu'on ne lui imputât ces écarts anti artistiques, envoya quelqu'un prévenir officiellement le public que ses élèves n'avaient pas pris part à la représentation.

Les monteurs de parties ne doutent de rien;

ce qui nous surprend, c'est qu'il n'y en ait pas encore eu un qui se soit mis en tête de monter le *Pied de mouton*. Espérons que cela viendra. On a eu, il n'y a pas très-longtemps, toutes les peines du monde à détourner un jeune *cabot* [1], de faire venir sur la scène, au dernier acte de *Dalila*, un fiacre attelé de deux chevaux étiques.

Lorsqu'on ne compte pas sur une forte recette, on a recours aux moyens extrêmes, c'est-à-dire on envoie à de grands personnages ou aux *camelias* en vogue des billets avec une lettre où l'on pleure un peu misère; il arrive presque toujours que les billets sont pris et payés, mais ce sont les femmes de chambre et les portiers qui en profitent.

Quand on a placé toutes les loges, si quelqu'un en demande, on ne refuse pas plus pour cela; on en vend une déjà achetée, voilà tout; que cela se débrouille au contrôle ou ne se débrouille pas, peu importe!

Quelquefois encore un impôt de dix centimes

---

[1] Diminutif de cabotin.

est prélevé sur chaque spectateur pour le droit
des pauvres, comme si le montant de ce droit
n'était pas compris dans le prix de location de
la salle. Ce sont là de petites escroqueries que
nous tenons à signaler pour que qui de droit y
mette ordre. Amusez-vous si bon vous semble,
mais amusez-vous honnêtement et loyalement,
et non pas en volant vos obligés.

On monte également au café de l'École des
soirées dramatiques pour les environs de Paris ;
celui qui paraît avoir le monopole de cette
lucrative industrie est un nommé Charles Se-
crétain, dit Linguet, qui était, il y a quelques
années, au théâtre du Gymnase ; ces représentations dans des granges ou chez des marchands
de vins servent à ceux qui y prennent part de
prétexte à de folles promenades ; ce sont des
parties de plaisir, et s'il prend à quelque mère
d'actrice l'idée de suivre sa fille dans ces péré-
grinations, on l'accueille avec empressement ;
le matin elle garde les vivres, et le soir elle
ouvre les loges... quand il y en a.

Tout est permis... à la campagne !!!

IV

A TRAVERS LES REPRÉSENTATIONS

La comédie partout. — Premières représentations. — *Mère et fille*, de Xavier Forneret. — Alfred Séguin. — Victor Poupin. — Barrillot et le *Myosotis*. — Les élèves du Conservatoire. — La pépinière dramatique. — Charles Boudeville : son cours; ses représentations. — Olga de Villeneuve. — Pluie de fleurs. — Bocage. — Les frères Lionnet. — Souvenirs. — Ariste : ses élèves. — Darcier. — Madame Caroline Gilbert. — Madame Cornélie Couturier. — Toujours Markowski. — Alida. — Léontine et la *Grâce de Dieu*. — Le répertoire; la *Corde sensible*. — Anna Deslions. — Tragédie, danse, opéra. — Madame Giroud de Villette. — Le maître d'armes Gamache. — Un garçon de café, grand premier rôle. — La troupe allemande : madame Ida Bruning. — Débuts. — Encore les monteurs de parties. — Minuit! — L'École lyrique aux Délassements. — Bellone et Thalie. — La presse et le barreau sur la scène. — Une soirée orageuse.

I V

A TRAVERS LES REPRÉSENTATION

Ici les représentations se suivent... et se ressemblent, sinon quant à la forme, du moins
quant au fond : elles sont vraiment parfois fort
originales. Nous allons évoquer à votre inten-
tion les souvenirs du passé et faire défiler sous
vos yeux les soirées les plus curieuses qui, depuis deux ou trois ans, ont illustré l'École lyrique.

Les représentations sont presque quotidiennes : la théâtromanie ou plutôt la *cabotinomanie*, est aujourd'hui à son comble; quand on n'a pas à sa disposition de salon où l'on puisse jouer la comédie en famille, on vient la jouer rue de La Tour-d'Auvergne. Tout le monde de nos jours est peu ou prou acteur : on ne vit plus, on remplit un rôle ; on se farde le cœur, on maquille sa conscience.

*
* *

A tout seigneur tout honneur : enregistrons d'abord les premières représentation, triomphes d'un soir, rêves d'une heure. L'ambition de tout auteur, c'est de se faire jouer.. n'importe où : voilà ce qui explique bien naturellement l'exhibition de quelques œuvres inédites sur cette petite scène, où elles font le bonheur du public. Le succès, là, est toujours certain ; les amis s'en chargent : l'auteur ne manque jamais d'être rappelé avec les artistes, et il vient modestement saluer l'assistance, tout comme s'il s'appelait Alexandre Dumas fils ou Victorien Sardou. Le malheureux a bien gagné cette ovation, allez ! il sait ce que lui coûtent les copies des rôles, celle du manuscrit déposé au ministère, les bouquets jetés à l'ingénue et le souper qu'il vient de commander pour les *créateurs* de sa pièce.

***

Xavier Forneret a eu un beau soir, quand il a fait jouer *Mère et Fille*, un drame impossible, grotesque même ; il y a environ trois ans et demi de cela. Les compliments en vers pleuvaient sur la scène ; un acteur en fit la lecture à haute et intelligible voix, Xavier l'avait permis... Heureux Xavier!. .

***

Nous avons déjà parlé de *Télémaque*, nous en avons constaté la vogue. Passons aux essais de M. Alfred Séguin : sa première pièce a été *les Deux Étoiles :* Dancourt y cascadait à plaisir ; ne trouvant pas sa poche, il avait fini par fourrer son mouchoir dans l'évasement d'une de ses bottes à l'écuyère !

La seconde était mieux réussie. C'était *Une Page de la vie d'Hoffmann :* mademoiselle Hortense Douglas, dans un rôle travesti, y était remarquée à côté de mademoiselle Delille. Maintenant, Alfred Séguin, qui alors appartenait à la rédaction du *Journal de tout le monde*, a trouvé d'autres débouchés. Les Délassements, le théâtre Beaumarchais et Montmartre l'ont accueilli. Bonne chance !...

Le 18 avril 1860, M. Victor Poupin, un jeune écrivain dont on commence à parler, fit jouer *Don Pèdre*, traduction en vers du *Sicilien* de Molière. Le dénoûment avait été adouci en vue des âmes sensibles : les amoureux revenaient trouver le vieillard, qui pardonnait ; c'était gentil ; mais, là, franchement, Molière pouvait facilement se passer de cette paraphrase : M. Charles Boissières avait fait précéder la pièce d'un petit prologue de sa façon, convenablement tourné, mais dont le besoin ne se faisait nullement sentir. Le succès en somme a été grand ; il s'est renouvelé : Victor Poupin, avec l'audace de ses vingt-un ans, s'est laissé traîner sur la scène.

Comme il doit rire de tout cela à présent !...

*
* *

Signalons encore *Promettre et Tenir*, de M. Duvignau, un aveugle dont l'esprit voit clair, l'*Amour sous enveloppe*, de MM North-Peath et Buchère, deux hommes de talent, et enfin *N'irritez pas vos maris*, de M. Couder, un membre de l'Institut, rien que cela ! Trois pièces, en tout, qui n'ont pas grand mérite. Nous ne parlerons ni du *Chien qui lâche sa proie pour l'ombre*, ni des *Infortunes d'un Bébé*, deux imbroglios sans queue ni tête; mais ce que nous dirons c'est que, le 21 novembre 1861, on a applaudi de bon cœur le *Myosotis*, une touchante élégie, dans laquelle le poëte Barrillot s'est noblement inspiré du souvenir d'Hégésippe Moreau. Madame Agar y resplendissait : c'était fête ce jour-là[1].

*
* *

C'est à l'École lyrique aussi que Victorin Joncières, fils d'un rédacteur de la *Patrie*, s'est essayé comme musicien; il a fait jouer un soir

[1] On n'a pas oublié non plus la première représentation de *Monsieur du Terme*, étude de mœurs, dont les vers sont dus à la collaboration de MM. Charles de Lorbac et Espion d'Harmenon. C'est du théâtre possible.

une opérette, qui n'a pas été sans exciter quelque intérêt.

*
* *

Arrivons maintenant aux représentations les plus remarquables, en bonne comme en mauvaise part : les plus sérieuses qui aient été données, ce sont sans contredit celles des élèves du Conservatoire. Léautaud, malgré son accent légèrement auvergnat, et Laroche, malgré sa froideur, qui n'a pas effrayé le Théâtre-Français, s'y sont quelquefois distingués, Gustave Worms, Constant Coquelin, le fils Beauvallet, Finsterwald, Eugène Provost, Pierre Berton, Godfrin sont venus souvent jouer en compagnie de mesdemoiselles Dambricourt, Rosalia Rousseil, Baitig, Zélia Ponsin, Brémond, Regny, Duchesnay, etc.

Mademoiselle Cécile Germa alors s'exerçait pour le Vaudeville; mademoiselle Jeanne Tordeus, la Chimène d'hier, se révélait dans la *Joie fait peur*, et Élodie Girard, la *Lionne de la place Maubert*, s'ébattait sous les yeux de sa mère.

*
* *

Les soirées de Boudeville sont toujours très-courues.

Charles Boudeville est le professeur de déclamation à la mode. Henry Monnier a fait de lui une charmante aquarelle. Le Conservatoire l'a imbu d'excellents principes, et l'Odéon se souvient de son succès dans les grandes livrées.

Ses cours sont fort suivis ; les plus jolies femmes de Paris semblent s'y donner rendez-vous : le titre *d'élève de Boudeville* est à lui seul tout un certificat... de beauté. On comprend donc l'intérêt qu'offrent les soirées qu'il organise ; elles ont lieu en famille, presque à huis-clos, les profanes en sont impitoyablement expulsés. La plus haute aristocratie les honorait de sa présence alors que Juliette Beau préludait à ses tâtonnements soi-disant artistiques, alors que Léonie Leblanc s'apercevait enfin que le talent ne peut jamais nuire. Boudeville joint la pratique à la théorie : il joue souvent, toujours dans le *Mari de la Veuve*. Il a de l'aisance, trop même. Mademoiselle Marie Garnier, une étoile qui nous est revenue de Saint-Pétersbourg pour s'éclipser aux Variétés ; une femme

à la mode aussi belle que spirituelle, est une
de ses élèves également et une de ses meilleures.

*
* *

Avez-vous entendu parler de mademoiselle
Olga de Villeneuve, une tragédienne... de l'avenir?... Parbleu!.... Eh bien, c'est à l'École
lyrique qu'elle a convié tout le Paris-artiste
à venir l'entendre. Ses élans étaient beaux;
mais la distinction lui manquait. Voilà ce qui
a nui à ses tentatives, tant à l'Odéon qu'à la
Porte-Saint-Martin. Elles étaient bien drôles, ces
représentations! La mère de l'héroïne était
partout, vantant l'intelligence de sa fille, exagérant la richesse de ses costumes, surveillant
tout et principalement les personnes qu'on
avait chargées de bouquets, voire de couronnes, qui, lancés à temps, devaient persuader
le public du talent de la tragédienne.

*
* *

Saluons, en passant, Bocage, splendide dans
le *Marbrier* : il n'y a pas de petite salle pour

un grand artiste. Le génie rehausse tout de ses
ébouissements.

.*.

Les frères Lionnet, eux aussi, se sont hasar-
dés dans ces parages. Anatole y a joué pour la
première fois le rôle de Frantz du *Piano de
Berthe*, et Hippolyte celui de Califourchon de
la *Corde sensible* : les chansons se sont égre-
nées, et la voix de Levasseur a tonné à travers
ces mélodies.

.*.

Talien, qui est au théâtre Beaumarchais, une
nature ardente ; Paul Roche, un auteur-acteur ;
Dalias, le ballerin; Rougemont le roux, Paul
Montel, William Stuart ont été vus et revus.
Victor, naguère engagé au Havre, Paul Massüe,
engagé nulle part, et Robin, ont tenu avec honneur l'emploi des comiques, et le pauvre Bona-
venture, mort l'an passé, a apporté là de temps
en temps les restes d'une voix qui tombait et
d'une ardeur qui s'éteignait.

.*.

Ariste, de la Comédie-Française, a fait jouer ses élèves : un mauvais plaisant assurait qu'ils étaient plus forts que leur maître.

.˙.

Darcier a donné aussi une représentation ; il est venu chanter plusieurs fois. Madame Caroline Gilbert, née Dorval de Guy, duègne à l'Ambigu, a prêté son concours à plusieurs soirées, ainsi que souvent Saint-Germain et une fois mademoiselle Nelly.

.˙.

Fatiguée d'entendre louanger madame Agar, la Médée en vogue, madame Cornélie Couturier, une victime de la tragédie, a voulu jouer le même rôle dans la même salle ; malgré ses réelles qualités, son succès n'a pas été ce qu'il aurait dû être : les esprits étaient prévenus ; c'était madame Agar qui avait toutes les sympathies.

˙.˙

Parmi les artistes de province ou autres qui ont passé devant nous avec quelque mérite, mentionnons au hasard Paul Laba, Paër, Rentz (Furcy-Joseph) dit Reynald, un fils de ses œuvres, Brizard (Oscar Tronquet, dit), Didier ; Cornaglia, Mondet, Gaston Klein, le Gaultier Daulnay de Belleville, Amédée Péronneau, qui trouvait moyen de faire représenter dans une même soirée la *Dame aux camélias* et les *Filles de marbre* ; Henry Deschamps, connu, grâce au nom de son père ; le baryton Maubant, frère du confident tragique, et *tutti quanti*.

*
* *

Markowski s'est faufilé deux ou trois fois au milieu du brouhaha ; il a dansé à la grande joie des gandins ; son élève de prédilection, mademoiselle Alida, *artiste chorégraphe*, ainsi que le disaient les programmes, a goûté également au gâteau. Ses représentations, à l'une desquelles a dansé Finette, ont servi aux débuts... dramatiques de quelques-unes de ces dames du Casino ou des Salons alhambresques de la rue de Buffault. Grand bien leur fasse !

*
* *

Chonchon a reparu ; Léontine, la vraie, a ramené la *Grâce de Dieu*. Des titis ont demandé si c'était elle qui était la *grasse*... Les refrains, sur sa demande, ont été répétés par l'auditoire, en un chœur joyeux. Victorine de Courtay prêtait toutes les ressources de son jeu pathétique au rôle de Marie. C'était madame Clarisse Miroy qui avait fait la mise en scène. Frédérick Lemaître était là !!!

*
* *

César Borgia a eu son tour, à la plus grande gloire d'Adolphe Godin, et la mise en scène de la *Reine Margot* n'a effrayé personne. Godin a joué aussi, dans les *Mousquetaires*, le rôle de Mordaunt. Depuis cette époque, il ne peut plus passer rue Bellefond sans qu'un charbonnier, noir comme de l'encre, sorte de sa boutique et, levant le bras avec majesté, lui lance cette fameuse phrase qu'a, dans cette pièce, à répéter plusieurs fois le fils de Milady :

« C'ÉTAIT MA MÈRE !!! »

Godin n'ose plus passer devant la fatale boutique. C'est un cauchemar, parole d'honneur !

*
* *

Les *Canotiers de la Seine* ont canoté, et la *Corde sensible* a été ressassée. On l'a accommodée à toutes les sauces, cette pauvre *Corde sensible*. Des femmes y ont rempli les rôles d'hommes; des hommes, les rôles de femmes. Il n'est personne parmi les habitués du lieu qui ne la sache à peu près par cœur.

Quand une pièce a été donnée une fois, c'est à qui la montera ensuite. C'est tout le contraire, cependant, qui devrait arriver.

*
* *

Les petites pièces qui ont été jouées le plus souvent sont : les *Femmes qui pleurent*, la *Tasse de thé*, le *Caprice*, la *Porte ouverte ou fermée*, une *Femme qui se jette par la fenêtre*, le *Roman d'une heure*, *Risette*, *Jobin et Nanette*, etc. On ne sort autant dire pas de là. Comme c'est gai!... Et, malgré cela, le public s'amuse prodigieusement; mais voici pourquoi : la moitié des spectateurs viennent pour voir jouer des gens qu'ils connaissent; de là l'attrait pour eux. Quant à l'autre moitié, comme, l'hiver, les programmes annoncent qu'il y aura du

feu, elle vient tout bonnement se chauffer, et,
dans ce dernier cas, il y aurait mauvaise grâce
de sa part à paraître s'ennuyer.

.
. .

Anna Deslions a affronté le feu de la rampe,
mais une seule fois; il paraît qu'en scène la
parole lui a manqué subitement. O chaste Timi-
dité[1], voilà de tes coups!...

.
. *

Mademoiselle Emeriau a joué de temps à
autre; madame Armand, une actrice de bonne
roche, aussi. Juan Pedorlini, dit Jouanni, frère
de Franck-Marie, le chroniqueur musical de la
Patrie, s'est fait sur ces hauteurs une certaine
réputation.

.
. .

La tragédie a permis d'apprécier les qualités

---

[1] Nous parlons ici par antiphrase.

de madame Séphare, qui est maintenant on ne sait où.

La danse a fait valoir la légèreté d'Ajas, de Bertrand, de Gendron, et plus d'une petite poseuse des ballets de l'Opéra s'est crue la plus forte qu'Emma Livry. Demandez plutôt à leurs mères si ce n'est pas vrai.

L'Opéra-Comique, — au piano, — a eu ses adeptes. Rappelez-vous le *Chalet*, avec Gaston; le *Maître de chapelle*, avec Garnier, avec mademoiselle Breton, puis avec Varlet. Des morceaux de grand opéra même ont été chantés. Nous nous souvenons de *Lucie* et de *Guillaume Tell*... malheureusement! Par bonheur, quelques exceptions parlent en faveur de la musique. Le frère de Merly nous a réconcilié avec ces audaces, et les représentations données par mesdemoiselles Adrienne Ceronetti et Sophie Gallino, qui chantaient à ravir *Pierre et Paul*, une nouveauté encore, étaient vraiment artistiques.

. *

Puisque nous en sommes sur les concerts, ne les quittons pas sans parler de celui qu'a organisé, vers la fin de mars, madame Maria Giroud de Villette, née Bonneville de Bleschamps, petite-nièce de la princesse Lucien Bonaparte. L'École lyrique avait été métamorphosée complétement pour cette solennité. Les tentures et les tapis avaient été prodigués. L'entrée se faisait par la porte cochère.

Des lettres autographiées, des brochures avaient été envoyées préalablement à tous les directeurs de journaux. Madame Giroud de Villette a chanté presque tout le temps, avec force gestes, devant une salle presque vide. Beaucoup de bruit pour rien.

*
* *

Les maîtres d'armes ont parfois des idées bizarres. Il y en a un très-habile, du nom de Gamache, qui a déclamé un soir nous ne savons plus quel monologue. Vu sa science des roueries de l'escrime, nous ne lui dirons pas qu'il a été magnifique : il n'aurait qu'à ne point nous croire.

Les Délassements sont venus faire par ici une excursion : cela devait être. Isabelle, la bouquetière du Jockey-Club, a joué une fois ; un garçon de café de la Maison d'or n'a pas craint, un soir, d'endosser l'habit noir d'André Roswein et de débiter à Hortense Douglas les fadeurs de *Dalila*. Plaignons-le, l'infortuné ! Le lendemain, il avait repris la serviette traditionnelle et il lui fallait servir prosaïquement à table cette Hortense qui, la veille, était sa princesse. O abnégation !

Cette soirée de *Dalila* fut orageuse. Les *Chevaliers du pince-nez*, qu'on jouait après, ne purent être terminés. Markowski avait amené là ses danseuses, et madame Brame jugea à propos de faire baisser le rideau. L'École lyrique s'était voilé la face !

.*.

La Maison Dorée a encore envoyé, un jour, un de ses employés, vous savez bien, le fameux *Bosco !*... Il a rempli le rôle de Chabannais le bossu.

C'était bien beau, allez !...

.*.

La série de représentations allemandes, sous la direction de madame Ida Bruning, a fait un four complet. On priait le monde d'entrer même sans payer !

Madame Ida Bruning jouait les ingénues quand il le fallait, sous prétexte qu'elle est la Déjazet d'outre-Rhin ; mais elle a plus de cinquante ans, et Déjazet, elle, n'en a que vingt ¹!...

.
* *

A propos de Déjazet, Céline Chaumont, sa petite élève, abordait il y a quelques mois les *Premières armes de Richelieu*; elle promet : tiendra-t-elle ?

*
* *

D'heureux débuts encore, ce furent ceux de mademoiselle Malvina Brach, dans les *Folies amoureuses*; de mademoiselle Jenny Pellemont,

¹ Il paraît même qu'elle n'en a que XVIII, s'il faut en croire des triolets que M. Alexandre Piedagnel (quel nom de miséricorde !) a déposés récemment dans une *oultitude* de petits journaux.

dans *Valérie*; de mademoiselle Antoinette Leininger, dans *Au printemps*, et aussi de mademoiselle Alitia Gall. Retenez bien ces noms, nous les retrouverons un jour ou l'autre.

★ ★

Léon Giraud, un organe à la Beauvallet, s'était acquis de la célébrité, l'an passé, comme monteur de parties : au besoin, il allait en ville.

Félix Vaujours, lui, se berce d'espérances; il compte sur toutes les promesses et personne ne compte sur lui : aussi ses représentations sont-elles ordinairement très... accidentées.

Sabatier, dans une même soirée, joua le *Roman chez la portière*, *Pasquin* et *Louis XI*. C'est trop de talent!

Mayer a le défaut de ne pas sortir des rôles à la Ligier. Plus que lui encore, Louis Giroux est un spéculateur : il organise des soirées comme un épicier vend de la chandelle. Nous aimons mieux celles du petit Émile Dubasque, un ancien *artiste* du théâtre Comte : il est longtemps à les méditer, mais elles sont jolies, e longues donc!

★

Quelquefois, s'il est minuit et si *le* ou *la* bénéficiaire ne veut pas payer l'amende, crac!
C'est bientôt fait, on baisse la toile sur le nez
des acteurs.

⁎⁎⁎

Les Délassements ont parodié l'École lyrique
dans une de leurs pièces-revues. La plaisante
chose! Ne vous semble-t-il pas voir un droma-
daire se moquant de la bosse de Polichinelle?
Deux tableaux étaient, dans les *Photographies
comiques*, consacrés au théâtricule *de cujus*.
Qu'ils soient pardonnés à Blum et à Flan!

⁎⁎⁎

Le public, certains soirs, est très-varié : des
acteurs et des actrices de nos grands théâtres
viennent voir débuter la fille de leur portier ou
la nièce de leur habilleuse. Des hommes de
lettres s'égarent quelquefois dans ces régions :
les directeurs y cherchent en vain des artistes;
les agents dramatiques tâchent d'y trouver des
recrues, et les... journalistes des petits journaux

de théâtres des abonnés. Chacun fait son petit
métier comme il l'entend et comme il peut.

*
. .

Un jour, la gendarmerie impériale avait
envahi toutes les places; ce n'était au vestiaire
que sabres et buffleteries. Où couraient donc
ces guerriers? Ah! voilà!... C'est que la fille
d'un des leurs se jetait dans les bras de Thalie
sous les auspices de Bellone, subséquemment,
mon brigadier!

*
. .

Deux critiques dramatiques ont voulu, à leur
tour, se laisser critiquer : l'un a joué le doc-
teur, de la *Dame aux Camélias*; l'autre, le principal rôle dans *le Doute et la Croyance*. En
qualité de confrère, nous serons indulgent;
pour toute punition nous les nommerons : le
premier est Frédéric Magnier, du *Corsaire*, le
second, Henri Turenne, du *Théâtre*.

*
. .

Émile Durandeau, le spirituel dessinateur du *Boulevard*, a larmoyé un soir, en costume, une fantaisie d'atelier de sa composition intitulée le *Baptême de Léon*, sorte de symphonie burlesque d'une naïveté toute primitive.

Quelle *charge!*

* * *

Le barreau a été dignement représenté au théâtre des Jeunes-Artistes : un avocat, ancien élève du Conservatoire, y est venu jouer le jour même où il avait plaidé sa première cause : c'est un bon acteur; il a même débuté à l'Odéon sous le pseudonyme de Dufresnoy.

* * *

Gaston, en chantant le *Chalet*, se sentit une fois indisposé : vite, un figurant qui savait le rôle prit sa place; ce n'était qu'un changement de Max. Le public a fait semblant de ne pas s'en apercevoir : il a rappelé tout le monde, comme c'est son habitude ici.

* * *

Un soir qu'on jouait les *Mousquetaires*, il y eut du tapage causé par les turbulences des élèves de l'École centrale. Des légumes furent lancés sur la scène : une actrice se trouva mal. Pour lorgnettes il y en avait qui se servaient de véritables télescopes : quand on annonçait le roi, d'autres battaient aux champs avec les petits bancs. Enfin, ce n'était, du haut en bas, que cris et sifflets !

Eh bien, mais si l'on montait *Gaëtana!*...

V

LES FEMMES DE L'ECOLE-LYRIQUE

Le monde ractionnaire. — Intérieur de ménage. — L'ennui dans les boudoirs. — Je serai comédienne! — Des avantages du théâtre. — Madame Marchal. — Les débuts. — Ces messieurs! — Comte et baron. — Billets à domicile. — Les actrices dans la salle. — Comédie et petits verres. — Soyons sans gêne! — La mère de madame. — « *L'am tié d'un CABOT est un bienfait des dieux!* » — Un maillot, S. V. P.? — La mère Gigogne. — Le Jockey-Club dans les coulisses. — La chasse au louis. — Les *fâmes* de l'Ecole lyrique. — Grande revue : Léa Silly. — Les deux Doley. — Vanda et Zulma. — Juliette Beau. — Mathilde. — Marie Garnier. — Léonie Leblanc. — Pauline Dangeville. — Ernestine Dumercy. — L'écuyère Amélia. — Zélia Ducellier. — Armandine. — Emma Derosnay. — Blanche Olga. — Georgette Olivier. — Maria la Polkeuse. — Emma Vally. — Eugénie Colombat. — Flore. — Élodie Girard. — Eugénie Desforest. — Émilie Marquet. — Adèle Rivière. — Alida. — La grosse cavalerie. — Conclusion.

V

LES FEMMES DE L'ÉCOLE LYRIQUE

Les femmes du monde interlope qui nous occupe sont sujettes à l'ennui, et cela se conçoit :
l'abus des plaisirs les a énervées ; elles n'ont pas
de famille dans le sein de laquelle elles puissent
venir se reposer de leurs nuits passées sans
sommeil, de leurs agitations bachiques, des
bals et des soupers. Les saintes joies du foyer
leur sont inconnues, le vide s'est fait autour
d'elles ; la solitude morale les poursuit partout :
elles ont mille connaissances et pas un ami.

Si la soirée est courte, la journée est longue; comment l'employer? On ne peut pas toujours rester au lit, toujours faire des confidences à sa femme de chambre, toujours aller au Bois, toujours lire des romans d'Ernest Feydeau. Il faut se distraire à tout prix.

« Si je jouais la comédie! se dit un beau matin, en s'étirant, la jeune *biche*, je m'acquitterais toujours aussi bien de mon rôle que la petite X... qui chante de temps en temps un couplet au Palais-Royal, ou que la grosse Z... qui lève la jambe aux Délass'-Com'. »

Madame ne perd pas de temps: elle sonne sa *bonne* et lui demande son avis; la bonne, qui voit dans ce projet une espérance pour elle d'être plus libre, affirme que sa maîtresse lui rappelle Augustine Brohan. C'en est fait! madame, après avoir toutefois consulté les cartes, qui répondent *oui*, met son cachemire et s'en va trouver ou Boudeville, ou Ricourt, ou même Albert, dit Piffard. Et c'est ainsi que se font les actrices.

Le théâtre sera pour elle, non-seulement un amusement, mais encore une réclame: de cette façon, son nom se trouvera répandu, elle pourra se faire photographier en costume, et comme elle n'acceptera presque toujours que des rôles de grande dame, ses riches toilettes attireront les regards : la rampe donne de l'éclat au visage et le maquillage du moins a alors son excuse. Le titre d'actrice la posera aux yeux des gandins : les portes d'un théâtre de genre s'ouvriront peut-être un jour devant elle... et son argent : la voilà qui a une position ! D'une enjambée elle sort du vulgaire troupeau (*vulgum prostibularum pecus*). Place ! place !

Il faut vite apprendre un peu la musique : on mande madame Marchal ; elle a la clef du caveau : c'est la pianiste de l'École lyrique, c'est elle qui fait répéter les airs.

Madame joue demain, elle débute ; comme elle a beaucoup de billets à placer, elle en offre à tout venant : c'est un impôt forcé. Les avant-scène sont réservées aux *michets* sérieux, des favoris à favoris plus ou moins teints ; on tâche seulement, quand on en a plusieurs, ce qui arrive, qu'ils ne se trouvent pas ensemble. Cela nous rappelle qu'un jour un acteur, chargé dans les coulisses par la bénéficiaire d'aller demander au comte vingt francs pour l'amende de minuit, se trompa de loge et se les fit donner par le baron : il est vrai que le comte les paya le lendemain à son tour.

La biche-actrice pousse l'oubli des convenances souvent jusqu'à faire mettre son adresse sur les programmes sous le prétexte qu'on peut se procurer des billets chez elle ; comment ne pas bien accueillir le monsieur qui vous prend une loge ?...

Elle s'habille généralement avant de venir et arrive au théâtre toute costumée, toute fardée ; lorsqu'elle a fini, elle ne se gêne pas pour aller se pavaner dans la salle.

Au foyer, elle consomme force liqueurs, force rafraîchissements : si dans la pièce où elle joue il faut du champagne, elle en paye du *vrai*; c'est la règle, bien chère aux garçons d'accessoires à qui revient le fond des bouteilles.

En scène, la moindre chose la fait rire ; elle dit, du regard, bonsoir à tous ses amis ; pour un peu elle causerait avec eux.

Si elle a une mère, elle l'amène : cela *la fait respecter*... du moins elle se l'imagine !!! A la fin du spectacle, la mère retourne seule au logis : elle emporte les paquets !'!...

Les acteurs du lieu vivent généralement en bonne intelligence avec ces actrices de hasard, qui ont souvent des bontés pour eux ; elles se plaignent à eux des défauts des messieurs qui les... protégent, elles leur content leurs peines et se laissent quelquefois consoler. Croyez donc, après cela, à la puissance exclusive de l'or !...

La femme qui ne joue que pour se faire voir ne rêve que jupes et corsages écourtés : il y en a une un jour qui voulait absolument remplir le rôle d'un *lutteur* dans la *Médée de Nanterre*, parce que ce rôle se joue sans autre vêtement qu'un maillot collant. *Proh pudor !*...

Le prestige de la scène est à nul autre pareil : il séduit, il perd ; dernièrement une femme, mère de six enfants et séparée de son mari, s'est mis dans la tête de jouer uniquement dans le but de... se faire connaître ; elle a été on ne peut plus ridicule, et ce qui a encore ajouté à la gaieté de la situation, c'est que le mari, qui se trouvait là, a vertement apostrophé sa femme à son entrée en scène.

Allez donc raccommoder ses chaussettes, ma pauvre femme !

Des fils de famille, — et de grande famille, — des gandins, enfin des membres du Jockey-Club, après le spectacle, essayent d'attendrir le Cerbère qui veille à la porte des coulisses ; pour peu que leurs *arguments* soient sérieux l'argus ferme le seul et unique œil dont il est possesseur et ces messieurs entrent là comme dans leurs écuries, accablant des plus fades compliments leur préférée, qui ne sait pas seulement parler : « Ah ! brava'... Cha a–a-mante !... Ado-able, pa-ole d'honneu ! » et cent autres bêtises du même acabit ; on va souper, et la farce est jouée.

Voilà comme les femmes apprennent ce métier d'actrice qu'elles ne connaîtront jamais et que, du reste, elles n'ont guère besoin de connaître, puisque d'un jour à l'autre un amant trop sévère peut s'opposer à ce qu'elles jouent.

Il s'est passé un soir quelque chose de plaisant au foyer des artistes : une dame qui tient ordinairement les emplois légèrement... *marqués* s'était fait apporter une consommation *d'un franc vingt-cinq*. Au moment où elle allait payer, le duc de ***, le protecteur des cabots, un habitué assidu des bouis-bouis de ce genre, bien reconnaissable à sa perruque de soie, à ses diamants, à sa barbe teinte et à sa face encarminée, le duc de ***, disons-nous, tire généreusement de son gousset vingt francs et les donne au petit garçon de café, en l'autorisant à garder la monnaie. L'enfant s'en va tout joyeux; mais la duègne court après lui et, l'arrêtant dans le couloir de communication : « Je ne veux pas, lui dit-elle d'un ton indigné, je ne veux pas que le duc paye pour moi, entends-tu? je ne le connais pas; voici ce que je te dois, rends-moi sa pièce d'or, je vais la lui remettre. » Le garçon de café, tout ébaubi, lâcha les vingt francs, et la vieille, comme bien vous pensez, les empocha sans scrupule aucun. Hélas! trois et quatre fois hélas !...

Passons maintenant, si vous le voulez bien,

une petite revue de celles de ces *dames* qui,
pendant ces deux dernières années, ont fréquenté l'École lyrique; nous prendrons leurs
noms comme ils nous viendront à l'esprit; allons! arborez vos bons binocles de Tolède... Et
vous, vierges folles, *en avant, le défilé!*

LÉA SILLY.

A changé souvent de nom et a joué longtemps
sous celui de Léocadie. Sa sœur, mademoiselle
Delval, a été au Gymnase; quant à elle, elle
se contente de figurer aux Variétés.

Les deux sœurs se ressemblent comme deux
fleurs; elles font la paire.

Léa Silly a des yeux tout autour de la tête;
c'est trop pour une femme seule.

EUGÉNIE DOLCY.

Lisez tout simplement: Eugénie Legendre.—

A été également aux Variétés, où elle jouait convenablement les utilités ; aussi a-t-on pu dire : *Utile est Dolcy*.

Les splendeurs de son mobilier ont fait parler d'elle.

Elle prend maintenant des leçons de Boudeville et se destine au drame. Ses progrès sont sensibles ; la glace fond, la beauté reste !

ANDRÉE DOLCY.

Belle enfant actuellement à Bruxelles. — N'est pas du tout la sœur de la précédente, ainsi qu'on l'a cru longtemps ; son acte de naissance l'intitule Messenach (Gabrielle-Andrée).

O désillusion !!!

CLÉMENTINE LALY.

A de l'œil, du cheveu, de la dent, etc.

VANDA BIECZINSKA.

Polonaise de la Pologne, — de la vraie, pas de la petite ! — et quelque peu comtesse. — Jolie fille, grande, svelte, élancée, nonchalante comme une créole. — Un teint de roses broyées dans du lait.

Ne se décide à apprendre un rôle que la veille du jour où elle doit le jouer.

Gentil caractère et pas de maquillage. Bel objet d'art en somme ; regardez, mais ne touchez pas, ce serait du *vanda...* lisme !

ZULMA (même nom en KA).

Sœur puînée de la précédente.

Une Vénus de Milo, plus les bras. — Belle carnation, nature vigoureuse et hardie, démarche provocante.

Pas bégueule du tout ! Au contraire.

Chante bien le couplet en montrant ses petites dents blanches comme des perles... blanches.

Observation : Méfiez-vous du chien de ces deux jeunes et intéressantes Lithuaniennes : il les suit au théâtre, veut toujours entrer sur la scène avec elles, aboie, *et cætera.*

Autre observation : Ces demoiselles sont toujours accompagnées du susdit petit chien, de leur perroquet et de leur mère!

EUGÉNIE BLAVIER.

A l'encolure d'une tragédienne. En a-t-elle les inspirations?
Nous verrons !

JULIETTE BEAU.

Trop connue pour que nous nous y arrêtions, n'en déplaise à ses Roméos!

MATHILDE.

A eu une existence agitée. — Est jolie, mais sans grâce; grande, mais sans tournure. — A passé d'un théâtre à l'autre.

Contemplez-la pendant cinq minutes ou avalez une cuillerée de crème fouettée, c'est absolument la même chose!

MARGUERITE DEMONPIERRE.

A quitté le *quart* de monde pour le *nouveau*. Traduction : elle joue en Amérique.

Comme le Russe qui avait des bontés pour elle s'appelait Pierre, souvent, dans ses moments d'expansion, elle se plaisait à dire : « Je suis la Marguerite DE MON PIERRE! »

De là son nom!

DORIANA.

Ne joue ni bien ni mal. — Est affligée d'un accent... aigu, qui n'est pas dépourvu de désagréments.

Quant à sa figure, nous ne l'avons jamais vue à la ville; mais, sur la scène, elle nous a fait l'effet d'un bon pastel !

MARIE GARNIER.

Une actrice, celle-là, au moins, applaudie pour de vrai dans de vrais théâtres, un talent sérieux qui doute trop de lui-même.

Il n'y a que les cabotins qui n'ont peur et ne doutent de rien.

DIANE VALLATTE.

S'appelait de son prénom Sydonie; mais la

personne qui l'accable de ses faveurs ayant une forte prévention à l'égard des noms composés de sept lettres, il lui a fallu en changer (de nom!)

Diane Vallatte a un caractère étrange, impétueux. — Elle cascadait d'une ébouriffante façon le rôle de Califourchon de la *Corde sensible*, et cela ne l'empêchait pas de jouer *Mademoiselle de Belle-Isle*.

Son zézayement est déplorable; mais que de qualités pour un si petit défaut!

LÉONIE LEBLANC.

Nous la trouvons jolie!
Vous la trouvez jolie!!
ILS la trouvent jolie!!!

PAULINE DANGEVILLE.

S'est laissé oublier pendant quelques années, grâce à un voyage en Russie. — Revient sur l'eau, guidée par Boudeville. — A eu voiture et mena grand train : elle ne tient pas du tout à trouver un engagement.

LINA GAUT.

Petite personne frêle, gracieuse, et jouant bien.

ERNESTINE DUMERCY.

Une débutante. De la tenue, de la distinction, un certain âge... et du linge.

L'idée lui prit un jour, comme une envie d'éternuer, d'embrasser la carrière théâtrale.

— **La beauté** de sa main ferait les délices de Mélingue : elle la montre sans y penser, instinctivement, et on l'accuse de poser pour cet utile appendice, comme si le rossignol posait pour les vocalises, comme si la violette posai pour le parfum.

Ah! le monde est bien méchant, surtout le *demi!...*

AMÉLIA.

Représente l'Hippodrome. — Ne joue pas mal... pour une écuyère, *naturablement.*

STOLINE.

Polonaise. Son prénom, dans sa langue natale (STOLIN), signifie *mignonne.* Mademoiselle Stoline, très-froide dans la haute comédie, ne manque pas de verve dans le vaudeville.

Elle nasille délicieusement.

ZÉLIA DUCELLIER.

Un minois chiffonné ; blonde comme les blés. Tout est blond en elle, cheveux, visage et talent.

N. B. Elle donne l'hiver des bals masqués aux beaux messieurs de Ruolz-doré.

ANAÏS LETOURNEUR.

Ballerine au Cirque Impérial. — Une actrice qui fait mieux de danser.

JULIA.

Trop petite pour cabotiner.

LOUISA VANTI.

Trop grande pour la même profession.

NANCY.

Bonne élève d'Augustine Brohan. — Ah diable!...

ARMANDINE (LOUISE PINTEUX, dite).

Jouait, dans son jeune temps, à l'Ambigu plus ou moins comique. — A fait beaucoup parler d'elle... dans l'*Europe artiste*.

MADAME GIBEAU.

Éblouissantes toilettes : elle a trouvé moyen un jour d'en changer quatre fois en un acte. — Trop de froideur. — Belle tête et pas mal de cervelle.

AMÉLIE.

Jouait au Cirque-Hostein. — Singe Déjazet!...

HORTENSE DOUGLAS.

Ancienne élève de Ricourt. — A joué long-

temps les coquettes et les travestis, et a trouvé
moyen de se faire engager au théâtre de Saint-
Pétersbourg, où elle est restée deux ans.— Elle
est depuis peu revenue à Paris étincelante de
diamants du Nord. — Brune et charmante
femme, causant bien.

MADEMOISELLE JACOBUS.

Petite, boulotte, grassouillette.
Signe particulier : une tache noire à la
tempe.

MARIA CONTI.

Jeu anguleux, talent pointu, mais non sans
mérite.

EMMA DEROSNAY.

De son vrai nom Pelée (Julie-Adolphine). Ses
débuts dans *Mademoiselle de Belle-Isle* ont été

remarqués. Ses qualités sont aussi minces que sa taille, à présent qu'elle frétille à travers le grosses farces du Palais-Royal.

ERNESTINE.

Une Markowsquette… Fi !…

BLANCHE OLGA.

« Un nom français et un nom russe ! » a dit un jour le *Figaro-Programme*. La Gaîté, le théâtre Déjazet, le Palais-Royal et l'Ambigu l'ont reçue tour à tour. Sa danse était très-goûtée partout. Elle a de l'élégance et se met proprement.

MADEMOISELLE GAUGELIN.

On dit qu'elle est au Gymnase…
Cela se peut !…

JEANNE.

Une grosse commère qui n'a jamais pu apprendre un rôle de sa vie.

IPHIGÉNIE.

Un nom tragique!

GEORGETTE OLIVIER.

Ou Georgette Viguier plutôt, a figuré au Vaudeville, est venue prendre des leçons de Ricourt, puis a passé par le Palais-Royal et est revenue à l'École lyrique, où on l'a acclamée dans *Comment l'esprit vient aux garçons* et dans les *Premières armes de Richelieu*. Le travesti Louis XV lui sied à merveille. Aujourd'hui Georgette est aux Variétés; elle y fait son chemin. C'est une petite fille délicate, nerveuse, impressionnable comme une sensitive.

Élisabeth de Gérandon est de ses amies.

MADEMOISELLE LOVELY.

Était à la Gaîté, hélas!... Qu'elle a bien fait de n'y point rester!...

MARIA LA POLKEUSE.

Prend le nom de madame de Bussy. — Suit le cours de Boudeville et réserve, quand elle daigne jouer, la moitié de la salle à ses nombreux amis.

Ils lui servent de *claque*.

ÉLÉONORE LAMY.

S'est quelquefois appelée Médine.

Température au-dessous de zéro, mais en affaires bien au-dessus.

DIANE LAISNÉ.

Joue quelquefois, sans qu'on ait à s'en plaindre.

RITZA (EUGÉNIE-FÉLICITÉ GRISEZ, dite).

Assez bonne comédienne, qui a dégringolé aux Délassements, ce qui est triste pour une élève de Samson, mais qui heureusement vient de remonter au théâtre-Deshorties.

EMMA VALLY.

Une célébrité, à ce qu'il paraît!... En quoi?... Type espagnol!... d'outre-Rhin.

CLÉMENTINE HÉRIVAUT, *dite* DUPARC.

Sœur d'Esther *du* même *parc*.

« De quel parc, s'il vous plait, monsieur? Est-ce du parc aux *Cerfs?*

— Non, mademoiselle, non... Du parc aux *Biches* probablement! »

Clémentine Duparc a du talent dans les jambes, elle a même dansé jadis à l'Opéra. Maintenant elle marche... sur les brisées de sa sœur, ce qui la mène... au café Anglais, parbleu!...

IDA.

S'habille quelquefois en homme; cela lui sied bien.

ALICE ARNAL.

N'a rien de commun avec l'acteur de ce nom, pas même le talent.

C'est une statue mise à la mode de l'Em-
pire.

MADAME BELLANGER.

— Élève de Boudeville!
— Après?
— Élève de Boudeville!!
— Et puis?
— Élève de Boudeville!!!
— Trois qualités donc pour une!

EUGÉNIE COLOMBAT.

Très-connue au quartier Latin sous le nom
de Colombinette. — A fait les délices des lorgnettes des Délassements, où son grand écart
était fort apprécié. Nonobstant, elle se destine
sérieusement au théâtre, est intelligente et ar-
rivera vite sur une scène de genre. Elle est fort
appréciée pour son charmant petit caractère
vif, gai, franc et toujours enjoué.

MARIE DESCHAMPS.

Élève de Delsarte. — A chanté jadis le *Violo-
neux* sous le nom de Candelli.

A présent, elle se distingue sur... l'orgue
Alexandre.

MARGUERITE DELAUNAY.

Une nullité !... au théâtre bien entendu !

FLORE (Adèle Flore Rozot, dite).

A une jolie voix : ses états de service sont ses
étapes aux Délassements, aux Variétés et au Palais-Royal.

ÉLODIE GIRARD.

Amie de la précédente. — Bonne et belle actrice, qui de Belleville a sauté en Hollande !...

FÉLICIE.

Joue consciencieusement. Un bon point!

FERREIRA.

Rien de commun avec Judith, heureusement…
pour toutes les deux. — Est à Bruxelles pour
jouer… la comédie.

MADAME NOEL.

A passé des bancs du Conservatoire aux tré-
teaux de la banlieue, d'où elle est descendue
rue de la Tour-d'Auvergne. Elle s'est familiari-
sée avec deux ou trois rôles et ne joue toujours
que ceux-là.

C'est une ruse de bien des femmes, allez!

ALICE DESTILLAC.

Une *étoile* du théâtre Molière, vous savez bien.
au passage du Saumon!…

Gasconne avec *chic!*

EUGÉNIE DESFOREST.

Du théâtre Déjazet, a dit un programme.

Elle a paru dans les *Infidélités conjugales;* mais, ne sachant pas un traître mot de son rôle, elle est allée tranquillement dans les coulisses chercher la brochure, qu'elle a ensuite charitablement repassée à ses partenaires, lors de leurs répliques, puis elle s'est fâchée avec les chevaliers du cotillon qui trônaient aux avant-scène, et, ma foi! elle a fini par disparaître et par laisser là la pièce.

D'où il ne faut pas conclure qu'elle manque d'aplomb...

CLÉMENCE.

Porte bien le maillot, a de la verve et le nez retroussé!...

ÉMILIE MARQUET.

Sœur de l'Odéonienne Delphine. — A l'entendre, elle a toutes les supériorités.

Son rôle de prédilection, c'est la *Dame aux Camélias*. — Elle joue depuis longtemp:, bien longtemps, à l'École Lyrique, et n'en est pas plus grasse pour cela.

LÉONIE.

Presque une artiste.

Les Folies dramatiques, etc., se sont char gées de son sort.

MADEMOISELLE MILLIÈRE.

Du corps de ballet de l'Opéra.

Quand elle danse à l'école, il y a foule...
Je le crois bien !

MADEMOISELLE VILLEROY.

Danseuse de mérite aussi.

Qu'est - ce que la Ferraris auprès d'elle, hein?...

BÉATRIX HATTON.

Complétement nulle... et mère de famille!...

LOUISE.

Est douée d'une chevelure pas mal rousse qui l'a fait connaître. — A joué une fois Christine, du *Roman d'un jeune homme pauvre.*

Sa réputation est faite... à la Closerie des Lilas!

MARIA CRÉTIN.

« Vous dansiez, j'en suis bien aise!»—Physionomie très-mobile. — De l'avenir sans doute.

RIVIÈRE (Louise-Adèle Favréaux, dite).

Un peu d'entrain, du brio, chantant bien le

couplet aux Variétés et se connaissant en chevaux.

HENRIETTE AMELOT.

Un nom de rue.

ÉMILIE.

Plutôt connue sous le titre d'*amiral Emilio*. — Déguisée toujours en petit gamin ou
en officier de marine. — Jeu mélancolique.
Pour de plus amples détails, consulter Dumas !

ALINE MAILLARD.

A joué souvent avec un nommé Victor, comique au Havre. — Le théâtre Déjazet l'a re-
cueillie.

HONORINE ET CÉCILE DELUME.

Deux sœurs qui ont toujours été les servantes
de leurs bonnes. Disparues !

MARIE—LOUISE FERRARIS.

Brille aux Variétés dans des rôles de jour en
jour plus importants.

LÉONIE BRETON.

Ne chante pas mal et joue mieux encore.

MADAME DARBEL.

A été à Bobino.
Une de ces femmes dont on ne dit rien.

MADAME DE SAINT—LOUP.

Beaucoup de grâce unie à non moins d'em-
bonpoint.
Une femme de Rubens, légèrement majeure.
Minaude agréablement.

LUCIE FAYE.

Blondine : est entrée aux Variétés, un bijou de plus!...

ANASTASIE.

Une luxuriante santé... Trop de mollesse!

ALINE PASCAL

Pas de grâce, pas de verve. Un marbre, quoi!...

MADAME MARSY.

Les grandes coquettes!

ALIDA.

Surnommée *Gambilmuche,* nous n'avons ja-

mais pu savoir pourquoi. — Ne prétend pas à
la gloire de Rigolboche et n'en danse que
mieux.

ANTONIO.

S'habille presque toujours en voyou, sort en
blouse et fume à mort. *Il* ou *elle* joue quelquefois. — N'est pas timide du tout.

MADAME MONTHENOLLE.

Tient l'emploi des soubrettes marquées et
se fait payer pour cela.
Elle a bien raison.

MADAME FÉLIX.

Les duègnes, beaucoup de conscience.
Son mari souvent est choisi par les monteurs
de parties pour surveiller le contrôle.

MADAME COLLIN

Est utilisée par ci par là à l'Ambigu.

Mesdames Celle, Émilie Bagnus, Aline Delile, Pernet et Pradt enfin sont, comme ces deux dernières, de l'arrière-garde.

C'est la réserve... en jupons.

Honneur au courage !...

Et maintenant que si l'on demande quel est le but de ce livre ou tout au moins ce qu'il faut en conclure ?...

Dame !... Concluez... concluez que les abus foisonnent à l'École lyrique, si bon vous semble... Mais, entre nous, franchement, ne concluons pas en faveur de leur répression.

Réformez et purifiez, soit ! Mais alors vo s

enlèverez toute physionomie, tout cachet, toute originalité. Vous aurez un théâtre comme l'Odéon *réduction-Colas*, c'est possible...

Mais, hélas! en tout cas, vous n'aurez plus L'ÉCOLE LYRIQUE!!!

. . . .

Et cela serait dommage, n'est-ce pas Messieurs?...

FIN.

TABLE

PARIS. = IMP. SIMON RAÇON ET COMP., RUE D'ERFURTH, 1.

www.ingramcontent.com/pod-product-compliance
Ingram Content Group UK Ltd.
Pitfield, Milton Keynes, MK11 3LW, UK
UKHW031847170726
13836UKWH00004B/1939